CONCIENCIOLOGÍA

Breve Introducción a la Ciencia de la Conciencia

Cesar Cordioli

CONCIENCIOLOGÍA

Breve Introducción a la Ciencia de la Conciencia

Traducción: Liliana Terré.

EDITARES®

Foz de Iguazú, PR – Brasil.

2021

Concienciología – Breve Introducción a la Ciencia de la Conciencia
Título original en portugués: *Conscienciologia: Breve Introdução à Ciência da Consciência*

Las opiniones, las revisiones de contenido, gramaticales y gráficas de esta obra fueron realizadas exclusivamente por los voluntarios de la Concienciología.

Traducción: Liliana Terré.
Revisión: Osvaldo Améndola y Mónica Gornicki.
Revisión gráfica: Telma Crespo y Virginia Ruiz .
Tapa y proyecto gráfico: Daniel Ronque.
Diagramación: Epígrafe.
Ilustración: Rodrigo Clemente y Pedro Marcelino.

Ficha Catalográfica (CIP)

C795c Cordioli, Cesar

Concienciología : breve introducción a la ciencia de la conciencia / Cesar Cordioli; traducción de Liliana Terré; Prefacio Lilian Zolet y Denise Paro. – Foz de Iguazú, PR: Editares, 2021.

94 p. : il. ; POD.

Título original: Conscienciologia: breve introdução à ciência da consciência

Incluye glosario

Incluye índice remisivo

ISBN 978-65-86544-35-0

1. Concienciología 2. Proyecciología I. Terré, Liliana

II. Zolet, Lilian. III. Paro, Denise. IV. Título

CDU 133.3

Beatriz Helena P. de S. Cestari – CRB-10/1708

EDITARES®

ASOCIACIÓN INTERNACIONAL EDITARES

Av. Felipe Wandscheer, no 6.200, sala 100 D – Cognópolis
Foz do Iguaçu, PR – Brasil – CEP: 85856-850
Tel/Fax: +55 45 9 9133 2818
E-mail: editares@editares.org – *Website:* www.editares.org.br

SUMARIO

PREFACIO

Interasistencialidad Grafopensénica

Decodificar el lenguaje científico, a fin de universalizarlo, es ejercicio apremiante de la interasistencialidad y se constituye en tarea noble concerniente a quien ve el mundo considerando diferentes matices y etapas evolutivas.

Como narrativa didáctica, esta obra cumple el papel de llevar al lector conceptos introductorios de la neociencia Concienciología, incentivándolo a reflexionar y a cuestionar sobre temas clásicos y escatológicos de la filosofía: ¿Quiénes somos? ¿De dónde venimos? ¿Qué vinimos a hacer en esta vida? ¿Somos apenas este cuerpo biológico? ¿A dónde vamos después de dejar esta dimensión? El mérito del autor es demostrar los fundamentos de la Concienciología y de la Proyecciología de modo claro, traduciendo en lenguaje accesible, los temas más complejos e intrincados de la evolución de la conciencia. Al componer un diálogo estrecho entre el texto-imagen, el libro es innovador al incorporar figuras que facilitan el entendimiento de temas esenciales para comprender el paradigma conciencial.

Bajo el modo de una conferencia, la obra expone las experiencias bioenergéticas y parapsíquicas inherentes a todas las conciencias. Promueve en cada capítulo la autocriticidad y lucidez del lector sobre la realidad multidimensional y pluriexistencial, retirando así, todo velo místico y dogmático, sobre el tema parapsiquismo.

El autoparapsiquismo lúcido, cosmoético e interasistencial es el verdadero núcleo del proceso evolutivo. Aprender a aplicar eficazmente las habilidades y competencias holosomáticas es esencial para alcanzar un efectivo rendimiento en la programación existencial (procxis).

Esta obra contempla de manera técnica y extensa, tales aspectos, formando la estructura teática sobre la Concienciología para un público iniciante en la tarea de desvendar la realidad multidimensional.

El libro condensa brillantemente los vastos años de experiencia docente del autor, reuniendo un acervo de hechos y parahechos derivados de más de 2 décadas de itinerancia nacional e internacional en la Concienciología.

Fueron jornadas dedicadas al acogimiento, orientación y encaminamiento de innumerables conciencias, intrafísicas y extrafísicas, ávidas de esclarecimiento en cuanto a la autorealidad multidimensional.

El arte de transcribir conceptos complejos de una neociencia, a un lenguaje coloquial y accesible, sin "abaratar" las informaciones, requiere un profundo entendimiento de las ideas. Podemos decir que el autor exprimió el "jugo mentalsomático" de los neoconstructos adquiridos a través del bagaje vivencial y condensó una pequeña fracción en este libro. En este sentido, la actitud revela creatividad y superdotación parapsíquica.

Indiscutiblemente, este libro es ejemplo de interasistencialidad grafopensénica en el gigantesco universo de la ciencia Concienciología, propiciando al lector ávido por el conocimiento, la reflexión en cuanto al neoparadigma conciencial; revelando así, la multidimensionalidad, la bioenergética y la pluriexistencialidad, en la cual todas las conciencias están incluidas.

Frente al ejemplarismo tarístico de esta obra, nos resta presentar sinceros agradecimientos por la oportunidad impar de redactar estas páginas del prefacio.

Lilian Zolet y Denise Paro
Cognópolis, Foz de Iguazú, 11 de febrero de 2018.

INTRODUCCIÓN

Habiendo actuado por más de 2 décadas efectuando conferencias públicas gratuitas, en diferentes lugares, sobre las ciencias Concienciología y Proyecciología y sus especialidades, me siento en el compromiso de agrupar en esta obra, los principales temas del contenido suministrado a los miles de alumnos.

Escrito en lenguaje accesible, el objetivo central de este libro es presentar los conceptos introductorios de la Concienciología, dialogando con el lector, e indicando otras fuentes para que pueda profundizar aún más su autoconocimiento. Para aquellos interesados, al final de la obra se encuentran las referencias bibliográficas utilizadas, el listado de libros de la Concienciología y de las *Instituciones Concienciocéntricas* (ICs) que investigan y divulgan estas ciencias.

El público objetivo de la presente publicación es aquella persona que inicia su contacto con estas ideas y que desea profundizar su estudio.

Imagínese lector o lectora en un ambiente de conferencia donde, poco a poco, los conceptos le son mostrados. Agradezco la confianza depositada, deseando que su lectura sea tan placentera como fue escribirla.

El Autor

1. Y COMIENZA LA CONFERENCIA ...

¡Hola a todos! Sean bienvenidos a este libro-conferencia introductorio a la ciencia Concienciología y a algunas de sus especialidades.

Nos gustaría agradecer su predisposición de estar aquí adquiriendo nuevos conocimientos.

Tendremos la oportunidad de presentar algunos conceptos iniciales para comprender ideas interesantes y, al final. podrán hacer sus preguntas a través del contacto indicado en el final de la obra.

Antes de comenzar la conferencia propiamente dicha, daremos algunos avisos iniciales bien importantes.

2. AVISOS INICIALES

2.1. PRINCIPIO DE LA DESCREENCIA

El primer aviso, y tal vez uno de los más importantes, que nortea todos los estudios de la Concienciología, es el *principio de la descreencia.*

> "No crea en nada, ni siquiera en lo que le informen aquí.
>
> ***Experimente.***
>
> Tenga sus experiencias personales."

Este principio deberá encontrarse siempre en cualquier lugar del mundo donde ocurra una actividad de la Concienciología.

Llama la atención, en cuanto a la importancia de aplicar constantemente el sentido crítico y nunca creer *a priori* en nada de lo expuesto por cualquier persona. Debemos, invariablemente, someter todo a la experiencia personal. Y lo ideal sería que aplicásemos este principio en toda nuestra vida, no solo en el contexto de esta conversación.

Por tanto desde ya, queda la orientación al lector de no creer *en nada* de lo que vaya a ser expuesto aquí también. Sea bien crítico, pero procure estar abierto a nuevas ideas y siempre que sea posible, tenga sus experiencias personales sobre el tema.

Vale la pena recordar, que muchos de los voluntarios hoy actuantes en las *Instituciones Concienciocéntricas* (ICs), que son asociaciones civiles sin fines de lucro, centradas en el estudio de la conciencia y dedicadas al desarrollo y a la divulgación de las ideas de la Concienciología solamente adoptan el voluntariado en razón de ese principio de la descreencia, pues se consideran respetados en su libre pensar.

Muchos están cansados de verdades absolutas inverificables (dogmas) comunes en la religión, o de personas que se consideran las *dueñas de la verdad,* encontradas en las más diferentes ramas del conocimiento. La realidad es que tal principio llama al lector a la responsabilidad de no creer en nada, someter todo a su sentido crítico y no dejarse llevar por la *charla de nadie.*

A pesar de ser aparentemente simple, al adoptar esta idea se es capaz de promover una verdadera revolución positiva en toda la existencia de la conciencia, modificando su forma de actuar.

Una ciencia es construida con mucha investigación, cuestionamiento y debate. Sin eso, se torna dogmatismo. Por ello, la razón natural de la existencia del *principio de la descreencia* para una evolución conciencial sana.

2.2. NOMENCLATURA

Toda Ciencia, incluso en virtud de sus descubrimientos, necesita desarrollar su propio lenguaje. Analice cualquier ciencia y verá que ella posee una terminología específica, o sea, *neologismos* para definir sus ideas.

A veces la necesidad de palabras nuevas se da también debido a la connotación ya envejecida de determinado término. La palabra ya fue contaminada por tantas acepciones que tiende a dificultar la exactitud con que se pretende emplearla.

Caben aquí, por tanto, dos observaciones: 1 – Permanezca abierto para aprender nuevas palabras dentro del universo de la Concienciología y de la Proyecciología (y *constatará que ellas existen por miles*). Una persona que desee aprender algo nuevo necesita tener disposición para aprender nuevas palabras.

2 – No todos los conceptos que la Concienciología presenta son 100% nuevos. Algunas ideas pueden ya existir en otras líneas de conocimiento, desde hace ya mucho tiempo y ser conocidas con otros nombres. Pero hay un gran mérito en ésta: la explicación racional, dentro de una lógica científica, de una serie de informaciones que anteriormente se encontraban dispersas o envueltas en un aura mística y eso a menudo dificultaba su comprensión de manera clara.

2.3. OBJETIVOS DE ESTE LIBRO-CONFERENCIA

otro importante aviso es que, en una conferencia como ésta, de corta duración es imposible investigar a fondo la Concienciología, actualmente con más de 1.000 especialidades o subciencias correspondientes.

Lo que se pretende aquí es realizar una exposición general, o en otras palabras, dar una *pincelada* de modo bien abarcador sobre algunos conceptos iniciales. Por lo tanto, no es el objetivo, profundizar exhaustivamente los asuntos abordados. Lo que se pretende es instigar la curiosidad del investigador dedicado.

Vamos a abordar, entre otros temas, los siguientes:

– Concienciología.

– Paradigma conciencial.

– Holosoma: soma, energosoma, psicosoma y mentalsoma.

– Chakras: primarios y secundarios.

– Movilización básica de energías (MBE).

– Proyección consciente y técnicas proyectivas.

– Multidimensionalidad.

– Serialidad existencial.

– Algunos temas avanzados en Concienciología, tales como: programación existencial (proexis), *curso intermisivo* (CI), pensene, holomadurez, cosmoética, reciclaje intraconciencial (recín), tarea energética personal (teneper), vínculo conciencial, Cognópolis, especialidades de la Concienciología y Enciclopedia de la Concienciología, que serán presentados al final.

Entonces manos a la obra…

3. CONCIENCIOLOGÍA

3.1. ¿PARA QUÉ SIRVE?

desde que el mundo es mundo, existen preguntas básicas que insisten en desafiar a la humanidad a encontrar respuestas. ¿Qué somos? ¿Qué vinimos a hacer en esta vida? ¿Dónde vamos al morir? Entre tantas otras.

A lo largo del tiempo, la religión, en sus diversas vertientes, busca dar respuestas. No parece haber funcionado tan bien, esencialmente por terminar generando más dependencias que soluciones. Eso sin hablar de las manipulaciones en nombre del poder temporal.

Ya la filosofía, a pesar de extremadamente útil en algunos contextos, acostumbra a perderse en la ausencia de experiencia empírica, o sea, en la aplicabilidad práctica de sus conocimientos, resultando en varias ocasiones, en un discurso hermético y difícil de ser alcanzado por el público común.

La ciencia convencional, a su vez, tampoco logró éxito al responder tales preguntas, limitándose fríamente en la observación del objeto investigado, dejando al ente más importante, la conciencia, alejada de la relación en estudio.

Es en ese contexto que surge la *Conciencíología*, con una propuesta de investigación científica de la conciencia en sus diversas formas y facetas.

En esencia, esta nueva rama científica tiende a aumentar el *autoconocimiento.*

La Conciencología provee condiciones para que la persona viva mejor consigo misma y sea más feliz, o sea, para prestarle una *autoasistencia*, que repercutirá en todas las esferas de actuación de su vida. Con ello, se aumenta la *interasistencialidad* en favor de sí misma y de las demás conciencias.

3.2. ¿QUÉ ES?

la Conciencología es una nueva ciencia, que como el propio nombre lo indica, tiene como objetivo estudiar primordialmente la conciencia (*logos* = estudio; *conscientia* = conciencia) y todo lo que tiene relación con ella.

Podemos entender la conciencia como el *self*, el *ego*, el *yo,* la *esencia* de una persona, por lo tanto, lo que de hecho tú eres. Otra manera de definir la Conciencología es por su contrario, por lo que esta *no es*. Por ejemplo: *no es* secta, ni religión, ni gurulatría, ni templo de maestros ascendidos. Tampoco es cientología (religión fundada en California en los años 1950, por el escritor de libros de ficción científica L. Ron Hubbard) a pesar de la similitud del nombre. La Conciencología es una ciencia que apunta a la necesidad de la conciencia de asumir los rumbos de su evolución. Y eso va justamente contra el *status quo,* de misticismos fosilizadores existentes por millares en este planeta, tratando muchas veces, solamente explorar y enriquecer otras tantas conciencias. Surgió en Brasil con la propuesta del médico Waldo Vieira (1932 – 2015) cuando, en 1979, en la obra *Proyecciones de la Conciencia: Diario de Experiencias Fuera del Cuerpo Físico*, fue acuñado el término, siendo sus bases fundamentales lanzadas en 1994 con el tratado *700 Experimentos de la Conciencología*, del mismo autor y expandiéndose rápidamente a cientos de ciudades de Brasil y también por el mundo.

Todo lo que estudiamos en el universo posee algún tipo de relación con la conciencia, aún de forma indirecta e insospechada. En cierta forma, todo tiene relación contigo y, por lo tanto, con la Concienciología. De ahí se desprende como es de amplio el campo de estudio de esta ciencia.

Se trata de un estudio muy importante, pues tiene un objetivo mayor que es, en esencia, la *evolución de la conciencia*. Todo el esfuerzo de la Concienciología es en el sentido de proveer medios para promover ese cambio.

La Concienciología busca estudiar y dar respuestas a todos los fenómenos ligados a la naturaleza humana, considerados fantásticos, paranormales y otros, suministrando para ello explicaciones lógicas y racionales.

4. PARADIGMA CONCIENCIAL

Lo que difiere a la Concienciología de las ciencias tradicionales es el modelo utilizado para sus estudios: el *paradigma conciencial.* Tiene en cuenta la existencia de diferentes vehículos de manifestación del ser, de múltiples dimensiones y existencias, siendo de esta forma, transcendente al universo físico.

Lo que va a diferenciar, por ejemplo, a la Concienciología de la psicología, que es otra ciencia que también estudia la conciencia, es el paradigma utilizado.

Toda ciencia presenta un modelo a partir del cual fundamenta sus hipótesis y teorías. Es como si fuese, en simple analogía, los *anteojos* con el cual se ve al universo que la circunda.

Si la lente fuera azul, el lector verá el mundo azul. Si estuviera empañada, presentará dificultades para ver. Si estuviera rayada, tendrá puntos defectuosos de visión y así sucesivamente.

En este caso, el paradigma utilizado por la Concienciología es, conforme se esperaría del nombre, el *conciencial,* o sea, aquel que coloca a la conciencia integral en el centro de sus atenciones.

Esto significa que todos los estudios son conducidos de manera *concienciocéntrica,* con el objetivo práctico de mejorar la vida de las personas, a través del incremento del autoconocimiento y del universo donde cada uno está inserto.

Comprendiendo el paradigma conciencial, tendrás condiciones de comprender las bases de la Concienciología.

Entre varios pilares, se destacan 3 de ellos: el *holosoma*, la *multidimensionalidad* y la *serialidad existencial*, que presentaremos a continuación.

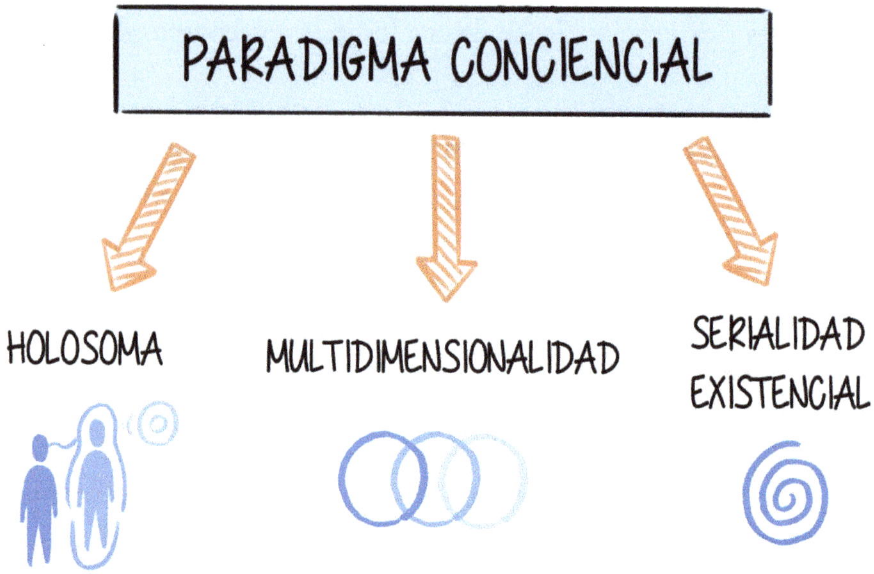

Figura 1. Paradigma Conciencial.

4.1. HOLOSOMA

para la Concienciología, *no eres* apenas solo un cuerpo físico. Se trata de una conciencia eterna que se manifiesta a través de un conjunto de cuerpos, al que le damos el nombre de *holosoma* (*holo* = todo, conjunto, entero; *soma* = cuerpo).

Existen, de acuerdo con esta Ciencia, 4 cuerpos o *vehículos de manifestación de la conciencia* (VMCs) básicos. Son ellos:

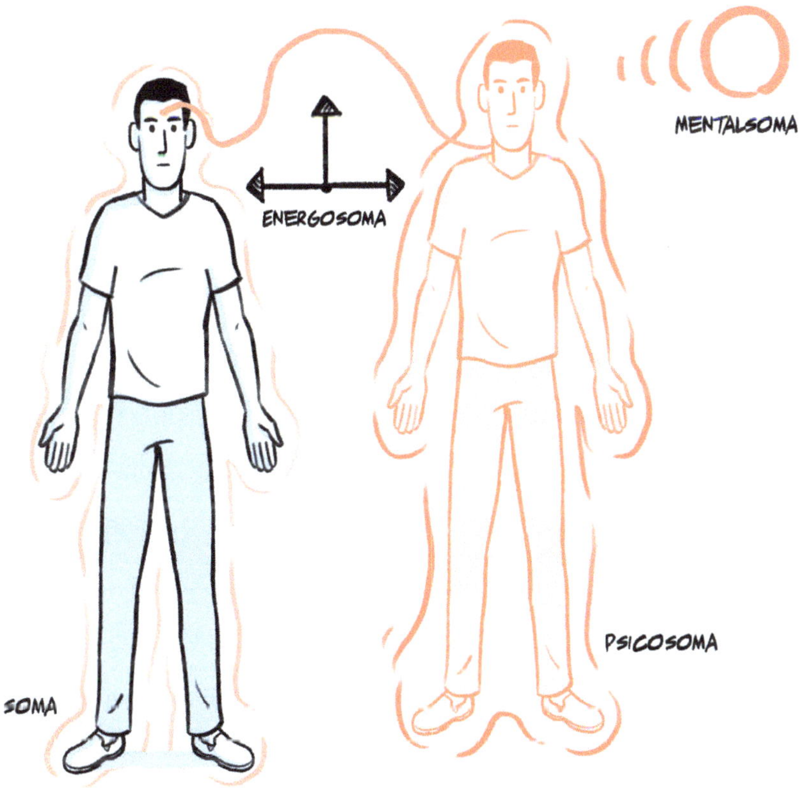

Figura 2. Holosoma.

– **Soma:** hasta aquí sin mucha novedad, también llamado cuerpo físico, es la punta rústica del holosoma. Es el vehículo más denso y perteneciente al sentido común de la existencia humana.

– **Energosoma:** es el cuerpo de las energías de la conciencia, también llamado holochakra (*holo* = conjunto, entero; *chakra* = fulcro o vértice de energía), duplo energético, doble etérico y tantos otros nombres. El hecho es que se trata de un cuerpo muy dinámico, con relaciones intervehiculares directas con los demás, conforme veremos más adelante. Si tuviéramos que utilizar un recurso de analogía nuevamente, haciendo un sándwich, podríamos decir que el soma es una rodaja de pan y el psicosoma (ver explicación más adelante) es la otra, estando el energosoma en el medio, actuando como relleno y unión entre ambas.

– **Psicosoma:** también llamado cuerpo astral, periespíritu, cuerpo de las emociones y tantas otras denominaciones. Es un cuerpo que habitualmente mantiene la forma humanoide, poseyendo una serie de características propias como la extrema facilidad de moldeado (plasticidad) y la fuerte influencia de las emociones. Es considerado también, el *modelo organizador biológico* (MOB), o sea, significa que el soma es estructurado a partir de él. Este es el vehículo con el cual se realiza la experiencia fuera-del-cuerpo ordinaria, más común, popularmente llamada proyección o desdoblamiento astral, entre otros nombres, o más técnicamente denominada proyección consciente (PC), que también estudiaremos en detalle más adelante.

– **Mentalsoma:** llamado cuerpo mental, o cuerpo de las ideas, entre otros nombres, es considerado la sede propiamente dicha de la conciencia. En la Concienciología, es el vehículo de manifestación más avanzado que conocemos en nuestra actual etapa evolutiva. Por ser un nivel bastante evolucionado de manifestación, todavía es un poco oscuro su integral comprensión.

Estos son los 4 cuerpos o *vehículos de manifestación de la conciencia* (VMC) que veremos en mayor detalle a continuación.

4.1.1. SOMA

A pesar de ser el cuerpo más común, o sea, el cuerpo físico de la existencia humana que todos poseen y reconocen, para la Concienciología, este adquiere importancia especial, pues es a través de él que nos podemos manifestar en la materia o dimensión intrafísica, evolucionar, ampliar el autoconocimiento, ayudar a los otros, reconciliarnos con desafectos pasados, cumplir la programación existencial (que será abordada en capítulo posterior), entre tantas otras funciones.

Corresponde, por lo tanto, a cada uno de nosotros cuidar bien de nuestro cuerpo (en virtud que no hay repuesto), a fin de facultar la longevidad productiva, y para que cada vida sea aprovechada al máximo, en pro de la evolución conciencial.

Los cuidados con el soma incluyen: alimentación equilibrada, carga de sueño adecuada, ejercicios físicos, *checkups* regulares de la salud, ejercicio de la sexualidad sana y descanso, entre otras acciones.

Vale recordar que todo aquello que contribuye al mantenimiento adecuado del soma también repercutirá en los demás vehículos de manifestación, proporcionando energías, sentimientos y pensamientos más equilibrados.

4.1.2. ENERGOSOMA

4.1.2.1. CHAKRAS

Es en el energosoma que se encuentran los famosos chakras, que son los puntos de energías que componen el cuerpo bioenergético. Nuestro vehículo de las energías posee millares de esos puntos.

Ellos son empleados, por ejemplo: en las prácticas de acupuntura, moxibustión, digitopresión, entre tantas otras técnicas.

Entre estos puntos, algunos se destacan por su importancia, siendo considerados 7 los chakras principales o primarios, habiendo aún innumerables chakras secundarios, de los cuales destacaremos 3. Son ellos:

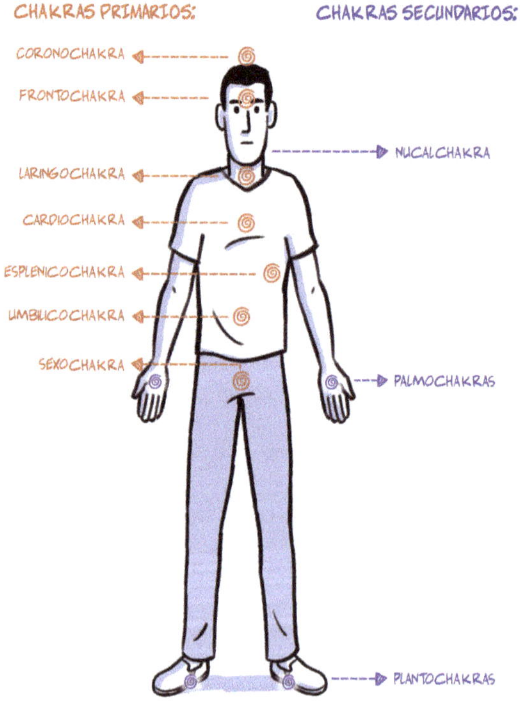

Figura 3. Energosoma.

Sexochakra: situado en la región del perineo, orientado hacia abajo. Como el propio nombre lo indica, presenta estrecha relación con la sexualidad y la energía básica de la conciencia.

Umbilicochakra: situado en la región del ombligo, levemente abajo de este. Está relacionado con las actividades de digestión y del plexo solar del soma.

Esplenicochakra: situado en la región del bazo, este punto de energía posee íntima relación con el equilibrio de las energías en los demás chakras.

Cardiochakra: situado en la región cardíaca, en el centro del pecho, levemente dislocado a la izquierda. Como el propio nombre lo indica, posee relación directa con las actividades cardíacas y las emociones. Ejemplo común es el de la conciencia con problemas emocionales que dice sentirse con "presión en el pecho".

Laringochakra: situado en la región de la laringe, presenta estrecha conexión con el habla y procesos comunicativos de la conciencia, además del propio cardiochakra. De esa forma, es común notar en la persona emocionada la voz tomada.

Frontochakra: situado en el centro de la frente, en la cabeza. Muy famoso en los medios ocultistas es también llamado tercera visión o tercer ojo. Presenta relación directa con el parafenómeno de la *clarividencia* (ver más allá de la dimensión física) y con la capacidad de raciocinio de la conciencia.

Coronochakra: situado en la región alta de la cabeza, orientado hacia arriba, relacionado con los pensamientos más avanzados y con el mentalsoma propiamente dicho, que veremos más adelante. Existe la hipótesis de que la aureola de las personas denominadas "santas" y el llamado estado de iluminación, o *samadhi,* presente relación directa con la expansión de las energías de este chakra.

Vale recordar que cada uno de los chakras citados puede ser conocido por otros nombres, en diferentes ramas del conocimiento, especialmente orientales. Como fuera expuesto sobre la nomenclatura, algunas de las ideas de la Concienciología no le son exclusivas, a pesar de su mérito en concatenar proposiciones de modo científico, lógico y racional.

Además de los 7 chakras principales referidos, hay varios otros secundarios. Destacamos entre ellos: los *plantochakras* (situados en la región de la planta de los pies, relacionados con la absorción de energías), los *palmochakras* (situados en la región de la palma de las manos, relacionados con la exteriorización de energías) y el *nucalchakra* (situado en la región de la nuca, relacionado con los acoplamientos energéticos).

Es importante registrar que los chakras son muy dinámicos en sus manifestaciones, actuando ininterrumpidamente en el intercambio de energías con los ambientes y personas. Para la Concienciología, el color de los chakras es información secundaria, debido a su fugacidad, no estando asociada de manera directa con la calidad de las energías.

El dominio del energosoma es de extrema importancia para la manifestación más libre y adecuada de la conciencia en esta dimensión. Una conciencia que no domina sus energías tendrá siempre dificultad de vivir bien, pues tiende a ser "engullida" por las energías de los ambientes o de las demás conciencias. En este caso, impera la ley básica en la cual "la energía del mayor engulle la del menor."

4.1.2.2. MOVILIZACIÓN BÁSICA DE ENERGÍAS (MBE)

para desarrollar el dominio práctico de las energías, existen diversos procedimientos y entre ellos, se destaca un conjunto de 3 técnicas básicas, denominada: *movilización básica de energías* (MBE), aparentemente simple, pero capaz de cambiar para mejor la entera existencia de la persona.

Antes de abordar estas técnicas, es importante resaltar que las bioenergías son dóciles a la actuación de la voluntad de la conciencia. De la misma manera que cierras y abres la mano, por la fuerza de tu voluntad, también puedes actuar sobre tus bioenergías como te convenga.

Es necesario decir además que no es necesario aplicar ningún artificio de imaginación para trabajar con las energías, basta que la conciencia se predisponga a sentirlas y moverlas.

Es posible que al comienzo haya un poco de dificultad, pues a veces son décadas de vida sin nunca haber hecho una movilización energética de modo consciente. Basta insistir en la aplicación de las técnicas que presentaremos a continuación para que, en poco tiempo, la persona pase a percibir cada vez más las energías, sin lugar a dudas de su existencia y con la posibilidad del autodominio.

Mantenga el sentido crítico, evitando forzarse a percibir algo que no esté realmente sintiendo. Recuerde, como ya expuse, aplicar siempre el *principio de la descreencia*.

Se compone la MBE de:

1. Circulación cerrada de energías: se trata de activar el flujo de las energías de lo alto de la cabeza a los pies y viceversa, varias veces, en ritmo creciente. Se inicia por la fuerza de voluntad de la persona (y basta solamente eso, comandar sus energías), concentrándolas en lo alto de la cabeza. Después promueve el desplazamiento de ese bloque de energías a lo largo de su cuerpo, por dentro de este, hasta sus pies. Después, direcciona estas en sentido inverso, ahora de los pies a la cabeza e así, ininterrumpida y sucesivamente, cada vez más rápido.

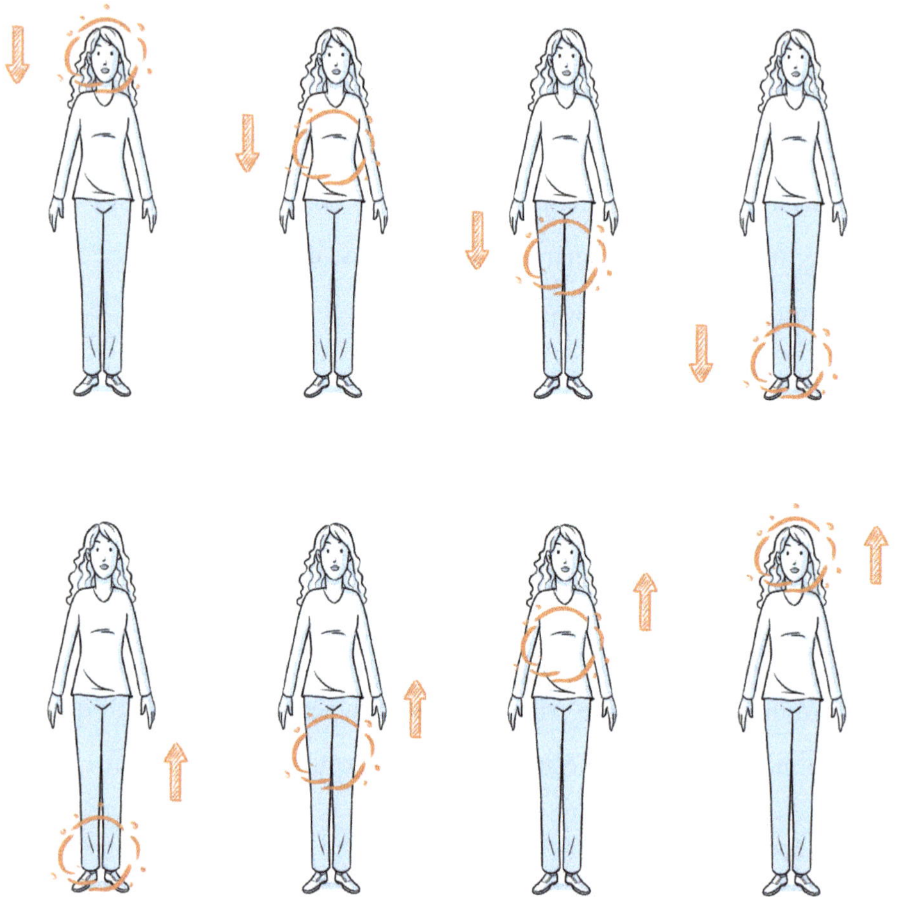

Figura 4. Circulación cerrada de energías.

Es interesante registrar que, con el tiempo y el dominio de la maniobra, las energías tienden a adquirir un patrón propio de vibración, en el que la persona no necesita más dar órdenes para que vayan de la cabeza a los pies y viceversa, pues pasan a tener "vida propia". A esta condición se le da el nombre técnico de *estado vibracional* (EV), extremadamente importante en las prácticas energéticas, pues, cuando es alcanzado, ocurre una autolimpieza del energosoma. En ese caso, eventuales energías negativas que puedan estar con uno mismo tienden a ser automáticamente expelidas. Por tanto, el EV permite un estado de autodefensa energética mientras perdure, o sea, las energías no entran ni salen de la conciencia. En general, el EV es reconocido por quien lo aplica, como siendo un estado de extremo bienestar, acompañado a veces de escalofríos agradables a lo largo de la columna vertebral o de todo el cuerpo. Es claro que las percepciones energéticas pueden variar de persona a persona. Esta técnica es de hecho bien simple de ser aplicada, pero es al mismo tiempo, fascinante e impactante cuando es autocomprobada. ¡Experimente aplicarla!

Figura 5. Estado vibracional (EV).

2. Exteriorización de energías: se trata de una técnica en la que usted comanda sus energías para que salgan por todo el cuerpo y en todas direcciones, a través de la fuerza de su voluntad. La intensidad y la rapidez de esa exteriorización de energías son determinadas por uno mismo. Si lo desea, puede exteriorizar por alguna parte específica (por ejemplo, por los palmochakras, las palmas de las manos).

Tal vez ya oyó hablar de las técnicas de *reiki,* los *pases* de los centros espiritistas, los trabajos de energización con *imposición de manos* y otras tantas. Todas estas actividades trabajan también con la exteriorización de energías. La diferencia en la técnica empleada en la Concienciología es que la persona no necesita recurrir a oraciones u otros artificios para movilizarlas. Basta impulsar hacia afuera sus energías; así de simple. Inténtelo.

Esta técnica es especialmente importante cuando se disponibiliza para ayudar a otras personas, exteriorizando sus mejores energías. Lo ideal en este caso, es siempre asegurarse de estar bien. Para eso, puede aplicar primero la técnica del EV ya presentada.

Tampoco es necesario preocuparse con la donación excesiva de energías durante la asistencia, pues estas son inagotables. En cuanto la persona las cede, también las absorbe automáticamente por todo el energosoma.

Figura 6. Exteriorización de energías.

3. Absorción de energías: se trata de la técnica integrante de la *movilización básica de energías* (MBE), a través de la cual se realiza el proceso inverso de la exteriorización: ahora, también por la fuerza de su voluntad, incorpora y absorbe las energías de afuera hacia adentro, por todo el cuerpo o por alguna parte específica de él, si así lo desea.

La intensidad y la rapidez de esa absorción de energías, son también determinadas por uno mismo. Esta técnica es especialmente indicada para la recomposición energética, en general después de la exteriorización de energías.

A pesar de que la normalización de energías se dé de modo natural, pues pertenece a la parafisiología del energosoma, el hecho es que podemos agilizar mucho la recuperación de las energías con la aplicación de esta técnica.

Figura 7. Absorción de energías.

4.1.2.3. ORIENTACIONES GENERALES DE LA MBE

percepciones muy comunes de la activación de las energías son: cosquilleos, hormigueos, balonamiento (sensaciones de expansión de las energías, como si la persona fuese mayor de lo que de hecho es), sonidos, aumento de la sensibilidad a todas las influencias del ambiente, entre otras. Estas sensaciones son en general fugaces, desapareciendo después del cese de la técnica. Si se da cuenta de una eventual incomodidad – lo que es raro – no se impresione, pues a veces, tal sensación indica el desbloqueo del flujo de las energías.

Recuerde que en el día a día ya actúa con sus energías, pero la mayoría de las veces, de manera inconsciente. Cuando va a un lugar con naturaleza vibrante y se siente bien, naturalmente absorbe energías de ese ambiente. Por otro lado, cuando llega a determinado lugar y se siente mal, a veces incluso con el contacto inesperado con otra persona, puede estar absorbiendo energías – en este caso, en general, no tan buenas – y por eso percibe el malestar. O sea, en su día a día, ya aplica las técnicas energéticas, pero lo ideal es movilizarlas de modo consciente y autónomo.

El fenómeno de la conexión entre campos de energía es bien común y posee graduaciones. Cuando hay un simple contacto entre las auras de dos personas, se llama *acoplamiento áurico*. Cuando ocurre la intensificación de esa conexión, se denomina *as*imilación *sim*pática (assim), pudiendo llegar al punto de que una de las personas perciba exactamente lo que la otra está sintiendo.

Lo contrario de la *assim* es la *desa*similación *sim*pática (desassim), realizada a través de la importante técnica del *Estado Vibracional* (EV) ya presentada, que por la intensificación de las energías, se puede entrar en un estado avanzado de autodefensa energética, como ya dicho.

Otra sugerencia es que aplique inicialmente estas técnicas en lugares más calmos, por ejemplo, en su casa, sentado confortablemente en el sofá, o incluso en la cama. Eso puede facilitar la percepción de las energías en un primer momento. Con el tiempo, se sentirá capaz y apto a maniobrar sus energías en cualquier lugar o exigencia.

Figura 8. Acoplamiento áurico.

Figura 9. Asimilación simpática (assim): intensificación del acoplamiento áurico.

4.1.3. PSICOSOMA

4.1.3.1. PROYECCIÓN CONSCIENTE

La proyección consciente es una de las experiencias más estudiadas dentro del universo de la Proyecciología (ciencia dedicada a la investigación de las proyecciones de la conciencia), que hoy abarca el análisis de más de 40 tipos de fenómenos parapsíquicos.

Por ejemplo: es muy común oir, en nuestros cursos de Conscienciología, relatos de personas que se despiertan en medio de la noche con dificultad para moverse, como si estuviesen presas dentro del cuerpo. O sea, están lúcidas, despiertas, pero no consiguen mover el soma. A este fenómeno le damos el nombre de *catalepsia*.

Descartadas eventuales causas de origen físico (problemas neurológicos, por ejemplo), es un hecho que existe la catalepsia proyectiva, de origen extrafísico, oriunda de la descoincidencia involuntaria de los vehículos de manifestación de la conciencia, resultando en la dificultad del movimiento físico. En ese caso, basta mantener la calma y concentrarse en realizar un pequeño movimiento, por ejemplo, meneando la punta de un dedo o abriendo los ojos. Luego en seguida, la persona recupera los movimientos de todo el cuerpo.

Otro ejemplo común es escuchar sonidos dentro de la cabeza (a veces estampidos, estallidos, o como si fuese velcro despegándose), especialmente cuando se está adormeciendo o iniciando el sueño. El origen de estos sonidos intracranianos puede estar ligado a los efectos de la descoincidencia de los cuerpos.

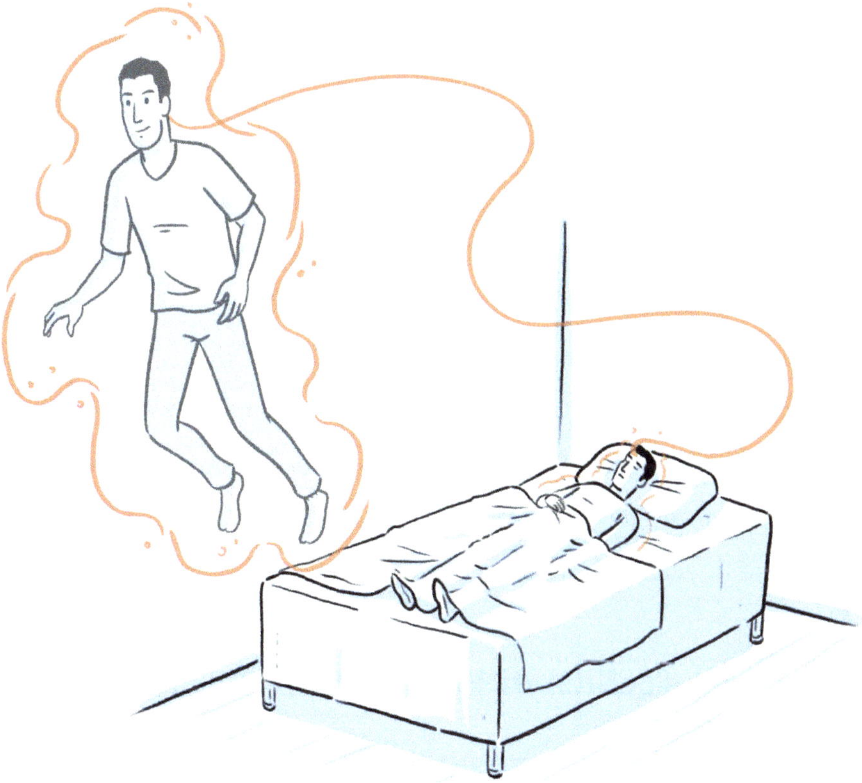

Figura 10. Proyección consciente (PC).

Es importante registrar que el fenómeno de la proyección consciente no debe ser confundido con el dormir, ni tampoco con el sueño. En la proyección consciente, de la misma forma que ocurre en la vigilia física ordinaria (estado en que la persona está despierta), tiene actividades, conversaciones con otras personas y aprehende conocimientos. Pero, también se manifiesta en otras dimensiones – en este caso extrafísicas – y percibe que su "yo" existe independiente del cuerpo físico. Esta es de hecho una realidad impactante que trae, inevitablemente, profundas transformaciones en la vida de la conciencia.

En esas vivencias, se es capaz aún de encontrar personas que ya murieron y conversar con ellas, si es que tiene tal curiosidad. Todo depende de su preparación y determinación.

Los *estados alterados de la conciencia* (EACs) son todos los estados que difieren del patrón de rutina de la vigilia física ordinaria, siendo bien variados, aunque distintos entre sí. El dormir y el sueño son ejemplos de EACs, pero la proyección consciente es otro estado bien diferente de estos. En el sueño la conciencia parece ser guiada, no realiza los actos por su voluntad, es "vivida" por el sueño, generalmente ilógico e irracional. En la proyección consciente, hay raciocinio, lógica, racionalidad. Por lo tanto, actúa conscientemente, del mismo modo que vive en esta dimensión intrafísica, pero con una libertad de actuación mucho mayor.

4.1.3.2. TÉCNICA DE PROYECCIÓN CONSCIENTE

La proyección consciente puede ocurrir espontáneamente, pero también puede ser provocada a partir de decenas de técnicas para la salida lúcida del cuerpo físico, con innumerables variaciones. Para quien desea más informaciones al respecto, indicamos el tratado *Proyecciología,* citado al final de esta obra.

Vamos a presentar aquí una técnica que acostumbra producir buenos resultados en su aplicación. Se trata de la técnica proyectiva de la respiración rítmica, que consiste básicamente en el aumento de la proporción de dióxido de carbono en el torrente sanguíneo, de manera inofensiva, por el control ejercido sobre la respiración. Es indicada para la persona que no posee problemas cardíacos graves y realiza *checkups* regulares, a fin de tener la seguridad que se encuentra en buen estado de salud.

Consiste en, al acostarse, contar mentalmente cuanto tarda inspirando el aire. Ahí, retiene la respiración 4 veces el tiempo de la inspiración y luego expira 2 veces ese tiempo, de modo bien tranquilo y sin forzar. Si fuera necesario, adecuar esos parámetros para su caso en particular para no exagerar. Las maniobras de la técnica deben ser repetidas 10 veces seguidas.

Ejemplo: vamos a suponer que contando mentalmente tarda 4 segundos para inspirar. Procure, entonces, retener el aire dentro de los pulmones durante 16 segundos y exhalarlo en 8 segundos. Repitiendo 10 veces este procedimiento, la tendencia será sentir un leve torpor, una calma que facilitará la descoincidencia de los vehículos. Podrá dejar de percibir el soma, como si no existiese o se hubiese hundido en la cama. De ahí a la salida fuera del cuerpo hay un pequeño paso. Relájese y permítase liberarse descoincidiendo encima de su soma, utilizando, en este caso, el psicosoma para su manifestación.

Permítame aquí una pequeña citación de la obra 700 Experimentos de la Concienciología, del autor Waldo Vieira, página 133, que ilustra bien este punto:

> El acto de usted saber la hora exacta de *cambiar la marcha mental,* sea cuando debe desconcentrarse y cuando debe concentrarse, constituye la llave de su proyección consciente voluntaria, incluyendo, en este caso, el despegue lúcido a través del psicosoma y la propia proyección lúcida continua.

A veces, puede no tener éxito absoluto en una primera tentativa de aplicación de esta técnica, y será necesario repetirla algunos días seguidos hasta que se alcance ese objetivo. Pero esté seguro que cuanto más la practique, más cerca estará de la producción lúcida del fenómeno, y que este acto valdrá mucho la pena.

Aunque no consiga la proyección lúcida, su calidad de sueño tenderá a ser mucho mejor por el relajamiento producido. No tenga miedo. Si tiene dudas, siempre le queda la indicación de la aplicación de la *movilización básica de energías* (MBE) ya expuesta, antes del inicio de la técnica de salida lúcida del cuerpo físico.

La proyección consciente trae innumerables beneficios, particulares y públicos. Por ejemplo: usos terapéuticos (para la cura o alivio de las enfermedades); parapsíquicos (en el desarrollo de las parapercepciones); psicológicos (generan aumento de la autoconfianza); educativos (promueven nuevos aprendizajes). Pero, por encima de todo, sirve para el aumento del autoconocimiento, indispensable para la evolución de la conciencia.

Para estudiar los diferentes temas existentes dentro de la ciencia-madre o ciencia-líder que es la Concienciología, fueron estructuradas especialidades como la Proyecciología, y a partir de estas, se crearon *Instituciones Concienciocéntricas* (ICs), cada una con su foco de actuación.

Al final de esta obra, el lector interesado podrá encontrar una breve presentación de cada una de las ICs de la Concienciología, con las cuales podrá entrar en contacto para profundizar las informaciones al respecto.

4.1.4. MENTALSOMA

Conforme a lo explicado anteriormente, el *mentalsoma,* también llamado cuerpo mental o cuerpo de las ideas, entre otros tantos nombres, es considerado en la Concienciología, el vehículo de manifestación más avanzado del que tenemos conocimiento en nuestro actual nivel evolutivo.

Es posible, hasta donde conseguimos comprender hoy, que la conciencia se manifieste solamente a partir del mentalsoma, desvinculada de los otros cuerpos (soma, energosoma y psicosoma). Cuando esto ocurre, la manifestación de la conciencia es tan sutil que podríamos considerar que ella es su propia esencia.

Aunque sea bastante evolucionado, es posible realizar proyecciones conscientes a través del mentalsoma. Se trata, por lo tanto, de una realidad factible, para cualquiera que esté realmente motivado para tal fin.

Todo tipo de actividad que utiliza el intelecto, en cierta forma, contribuye al dominio de ese cuerpo avanzado, pues desarrolla atributos relacionados con este, tales como: concentración mental, atención, priorización, creatividad, asociación de ideas, entre otros.

Dentro de la escala evolutiva de la conciencia, con el pasar de los siglos y de las vidas intrafísicas, la conciencia tiende a desactivar los demás vehículos que componen el holosoma, pasando a actuar exclusivamente por el mentalsoma, o sea, se convierte en una *Conciencia Libre* de la actuación de la materia, al no necesitar más de los otros cuerpos para manifestarse.

4.1.5. RELACIONES INTERVEHICULARES

Es importante resaltar que existen profundas interrelaciones entre los cuerpos (vehículos) que componen el holosoma (soma, psicosoma, energosoma y mentalsoma). No es tan difícil explicar teóricamente como ocurre la simbiosis entre estos vehículos de manifestación de la conciencia. Sin embargo, en la práctica, no siempre es fácil discriminar hasta qué punto se manifiesta un cuerpo y cuánto actúa otro, ya que están en constante interfusión en la vida diaria.

Por ejemplo: si ocurre una enfermedad física, no hay duda que la tendencia será que los demás cuerpos se vean afectados. Si la conciencia presenta un pensamiento patológico (mentalsoma), ese afectará las emociones del individuo (psicosoma) y, como consecuencia, a sus energías (energosoma) también, pudiendo llegar a materializarse en alguna enfermedad física (soma). Por otro lado, apenas un pensamiento positivo es capaz de repercutir en toda la vida de la conciencia. O sea, el holosoma es un conjunto de cuerpos que se entrelazan e interpenetran, uno influenciando al otro.

4.2. MULTIDIMENSIONALIDAD

Para la Concienciología, no existe apenas una dimensión existencial (es decir, esta dimensión física). Hay infinitas dimensiones de manifestación de la conciencia en la condición extrafísica.

Una analogía interesante que podríamos hacer sería con una escala de colores en degradé, con modificación gradual de matices en la cual, por ejemplo, el color rojo se transforma en amarillo, que se transforma en verde, que se transforma en azul y así sucesivamente. Tenemos dificultades en determinar la exacta localización en la que un color termina y otro se inicia, pues ellos se encuentran interfusionados.

Figura 11. *Degradé* de colores: analogía de la interfusión de las dimensiones concienciales.

Las dimensiones concienciales se interpenetran conforme el patrón vibratorio de energías que las componen. De acuerdo con el patrón vibratorio integral de las energías del holosoma (teniendo en cuenta que todo objeto componente del Universo posee un patrón propio de vibración, o sea, una onda de manifestación de acuerdo con los conceptos de la Física, que da origen entre otros, al fenómeno de *resonancia*), ocurrirá más afinidad de uno de los cuerpos con esta o aquella dimensión extrafísica.

Por eso, se afirma que en el mismo lugar donde hay un *dedo físico,* hay también infinitos otros *dedos* manifestándose en múltiples dimensiones conjuntas.

La Concienciología considera que existen 3 estados básicos de la conciencia:

Figura 12. Estados básicos de la conciencia.

Concín: *con*ciencia *in*trafísica (en este caso, la conciencia se manifiesta en esta dimensión intrafísica con el cuerpo físico, o sea, posee el soma).

2. Conciex: *con*ciencia *ex*trafísica (en este caso, la conciencia se manifiesta en la dimensión extrafísica sin conexión con el cuerpo físico, o sea, sin el soma, siendo popularmente llamada "espíritu" o "desencarnada").

3. Concín Proyectada: tercera condición de transición, cuando la concín se manifiesta en la dimensión extrafísica, habiendo dejado el cuerpo físico en reposo en la dimensión intrafísica. Esta condición es popularmente denominada "proyección astral" o "desdoblamiento" y de modo técnico, proyección consciente (PC).

4.3. SERIALIDAD EXISTENCIAL

Tal vez el lector ya lo haya deducido hasta aquí, pero vamos a explicitarlo: para la Concienciología, nadie comienza a existir en el momento en que nace, o hace la *re*activación *somá*tica (resoma), ni deja de existir en el momento en que muere, o realiza la *de*sactivación *somá*tica (desoma). Toda conciencia es el resultado del sumatorio de elecciones que tiene a lo largo de varias vidas.

Se trabaja, por tanto, con el principio de las múltiples vidas, de las "reencarnaciones" o de las series de existencias, partiendo de la idea que esta vida es apenas *una más* en el trayecto evolutivo de la conciencia.

Toda conciencia puede, en tesis, acceder a sus vidas pasadas. A ese parafenómeno se le da el nombre específico de *retrocognición* (recuerdos o acceso a las vivencias pasadas), y que pueden ser desarrolladas y estimuladas técnicamente.

La lucidez cuanto a las vidas pretéritas puede ser importante, por ejemplo, para evitar caer en los mismos errores o para comprender mejor las situaciones y relaciones en las cuales nos encontramos hoy y que poseen relación con nuestro pasado.

Lo importante, en este caso, es que la conciencia compruebe *per si* la existencia de otras vidas y sus influencias en la actual, manteniendo siempre el sentido crítico y aplicando el *principio de la descreencia* abordado anteriormente.

5. TEMAS AVANZADOS EN CONCIENCIOLOGÍA

A continuación, vamos explicar de manera sucinta algunos de los temas avanzados abordados por la Concienciología, a modo de *aperitivo intelectual*.

El objetivo, en vez de abordar exhaustivamente el asunto, será el de apenas *delinear el* tema, promoviendo la curiosidad del lector.

A pesar de que haya *miles* de ellos, seleccionamos algunos que consideramos de mayor interés, en un abordaje introductorio en el contexto de esta obra.

5.01. PENSENE

Para la Concienciología, todo lo que pensamos genera algún tipo de sentimiento, que a su vez genera algún tipo de energía. A la unión de estos 3 conceptos, se le da el nombre de *pensene* (= *pen*samiento + *sen*timiento + *ene*rgía).

Se trata de manifestación indisociable, en general no percibida por ser automática, pero el hecho es que, en la práctica todo lo que pensamos, al final, crea algún patrón de energía.

El conjunto de pensenes, denominado *holopensene (holo* = todo, conjunto, entero; *pensene* = *pen*samiento + *sen*timiento + *ene*rgía), existente en diferentes escalas, es el patrón medio de pensamientos de determinada persona o de un ambiente. La tendencia es siempre, que el holopensene sea afín a patrones semejantes, dentro de la ley que *semejante atrae semejante*.

Existen diversas categorías o tipos de pensenes, que pueden ser clasificados según la idea que expresan de modo predominante. Para el lector interesado, en el glosario al final de esta obra pueden ser encontrados algunos de ellos, tales como: *grafopensene, materpensene, ortopensene, neopensene, retropensene* y *patopensene.*

A pesar de parecer un concepto simple, reflexionar sobre las repercusiones prácticas del pensene puede provocar profundas transformaciones en la vida de cualquier persona.

A partir de la autoconcientización de la importancia del pensamiento personal, se cuida mejor la calidad de los pensenes, lo que se refleja en toda la existencia, proporcionando una evolución más rectilínea, sin tantos percances y con mayor aprovechamiento evolutivo.

5.02. PROEXIS

La Concienciología considera que nadie vino a esta vida a pasear o a hacer turismo. Todos vinimos con algo para hacer, desde las tareas más simples a las más complejas. A esa supuesta misión de vida, le damos el nombre de *pro*gramación *exis*tencial (proexis).

Cuando la conciencia identifica lo que vino a hacer en esta existencia, la tendencia es sentirse extremadamente feliz consigo misma y sentir que vale la pena vivir cada día, pues ella percibe su avance evolutivo.

Por otro lado, cuando no identifica o no realiza su proexis, la tendencia es entrar en melancolía, frustración, abatimiento, depresión y tantos otros problemas semejantes, tan comunes en la actualidad. La persona nota que su vida está en punto muerto, casi sin valor y utilidad.

De ahí la importancia de cada conciencia identificar lo que vino a hacer en esta vida, para caminar da manera correcta y asumir la evolución *per si*.

En general, el rescate de la proexis, recuperando el sentido de la existencia humana, está condicionado a la asistencia a otras conciencias. Venimos a la vida intrafísica primordialmente para servirnos los unos a los otros, o sea, es a través del auxilio a otras personas, sintiéndose útil, que la conciencia consigue mejorar su autoestima y rescatar su papel en el cosmos o, dicho de otra manera, asumir su papel de *mini*pieza en el *maxi*mecanismo evolutivo.

5.03. CURSO INTERMISIVO

Para la Concienciología, entre una vida humana y otra, la conciencia no permanece en el limbo. Ella continúa teniendo actividades, inclusive aunque no esté consciente de ya no poseer el cuerpo físico (soma).

Durante ese tiempo entre una existencia intrafísica y otra, a la que se le da el nombre de *período intermisivo* (entre misiones de vida), está la posibilidad de realizar una especie de preparación, a modo de un curso, para incrementar las oportunidades de suceso en el cumplimiento de la proexis.

A esa preparación específica se da el nombre de *Curso Intermisivo* (CI) y en ese caso, quien realizó tal actividad en el período intermisivo es llamado de *intermisivista.*

Participar del CI aumenta la responsabilidad de la persona frente al aprovechamiento útil de la vida intrafísica. Ella reconoce íntimamente que hay algo importante para hacer. Desea contribuir con la evolución de los seres y para mejorar el universo donde se manifiesta.

5.04. HOLOMADUREZ

El objetivo mayor de la Concienciología es promover la autoevolución de la conciencia, pero eso se obtiene solamente a través de la conquista gradual de la madurez integral frente a todas las órdenes y contextos de la existencia.

Es en la hora más difícil que la persona tiene la oportunidad de demostrar, en la práctica, el nivel de lucidez y evolución ya conquistado. El estudio y la práctica de temas avanzados dan impulso al proceso evolutivo de la conciencia.

Mejorar la *auto*rganización y otros actos realizados por sí misma ("*autos*") integran la holomadurez, tales como: *auto*convivencia, *auto*determinación, *auto*confianza, *auto*desarrollo, *auto*liberación, *auto*rrealización, *auto*disciplina, *auto*suficiencia, *auto*examen, *auto*concientización, entre otros.

Para la medición de esos atributos hay herramientas, entre las cuales se destaca el *Concienciograma,* obra que tiene como objetivo la autoevaluación y el autojuzgamiento en relación a una serie de rasgos que componen una personalidad integrada.

Esta herramienta también tiene en cuenta la existencia de la conciencia denominada *Homo sapiens serenissimus*, informalmente llamado de super sereno, considerado el modelo evolutivo factible de madurez integral para este planeta. El super sereno es el referencial con 100% de aprovechamiento para cada atributo conciencial analizado por el *Concienciograma.*

5.05. COSMOÉTICA

La Concienciología estudia una ética mayor, presente en todo el Cosmos, denominada *cosmoética.* La cosmoética es la moral cósmica multidimensional, situada más allá de la moral social, intrafísica. Su comprensión y aplicación se encuentra profundamente correlacionada con el nivel de madurez ya alcanzado por la conciencia y es revelada en cada acto de su conducta multidimensional.

En otras palabras, es como si fuese un mecanismo regulador de la evolución conciencial, un conjunto de las leyes cósmicas y que rige la evolución de todos los seres que componen el Universo. Todas las conciencias están sujetas a su aplicación, estando conscientes o no de ello.

A veces, se la considera de modo simplista como *ley de causa y efecto,* explorada en muchas líneas de conocimiento. Pero, a rigor, este es solo uno de los resultados de la aplicación de la cosmoética, cuyo concepto es superior.

La aplicación de la cosmoética parte de la idea simple de que recibimos de vuelta en nuestras vidas aquello que ofrecemos al Universo. O sea, si actuamos en pro de la asistencia, del bien, y de hecho sin intereses secundarios, la tendencia será la de crecer evolutivamente en un ciclo virtuoso, dentro del *flujo del Cosmos.*

Con la conquista de niveles más altos en la escala evolutiva, la conciencia pasa a incluir principios y valores que consideran cada vez más la asistencia a los otros, en vez de apenas objetivar el propio ego.

Cuando ocurre lo opuesto y actuamos contra esa realidad, con la conciencia del error, recogeremos frutos indeseables, aunque en el fondo, nosotros mismos los sembramos.

5.06. RECÍN

A partir del descubrimiento de la holomadurez y de la cosmoética, es inevitable a la conciencia interesada en evolucionar revisar sus posicionamientos, comenzando por los *pensenes,* tema ya estudiado. Ese es el inicio de la acción a la que llamamos *recín,* neologismo originado a partir de la fusión de las palabras: *rec*iclaje + *in*traconciencial.

En otras palabras, la persona comienza a cuestionar y rever sus pensamientos y actitudes, buscando siempre el mejor punto de vista evolutivo y que va a implicar una reforma íntima, centrífuga, de *dentro hacia fuera.*

La profundidad y las repercusiones de la recín van a depender de cuanto la persona desea actuar en los aspectos en que presenta mayor dificultad a partir de su íntima voluntad. Los impactos de ese cambio de postura serán muy variados, pudiendo hasta repercutir en su grupo familiar, de amigos o en el trabajo.

La Concienciología presenta innumerables técnicas para la producción de recines. Una de las principales es promover la identificación de los *rasgos-débiles* (traf*a*res: las dificultades, lo que tenemos que mejorar) y utilizar sus *ras*gos-*fuertes* (traf*o*res: las facilidades, lo que ya poseemos desarrollado) para tal finalidad.

Para eso, son de gran valor las herramientas de la Concienciometría (especialidad de la Concienciología dedicada al estudio métrico de la conciencia) y los recursos de la Concienciometría (especialidad de la Concienciología dedicada al tratamiento integral de la conciencia).

5.07. TENEPER

Una de las maneras de contribuir para mejorar la existencia de todos, es la aplicación de una técnica avanzada denominada *teneper*, acrónimo formado a partir de la unión de las palabras *t*area *ene*rgética *persona*l.

La teneper es una de las técnicas avanzadas de la Concienciología en la cual la concín, en esencia, se propone donar sus energías todos los días, durante cerca de 50 minutos, para ayudar otras conciencias, siempre en lugar y periodo específicos.

Además de ser una óptima herramienta de interasistencia, sirve antes de todo, de autoauxilio, pues la concín busca primero equilibrarse para después asistir otras personas.

A través de la cesión de energías más equilibradas y homeostáticas, es posible ayudar en diversos tipos de problemas, pasando por enfermedades físicas, cuestiones emocionales, de relacionamientos, entre tantos otros.

La técnica es realizada bajo la supervisión de una conciencia extrafísica, en este caso, un amparador técnico de función, que auxilia a la concín a aplicar y desarrollar la teneper.

Vale recordar que el amparador técnico es una conciencia que conoce el assunto, o sea, domina la mejor forma de auxiliar. Difiere, por lo tanto, de las conciencias llamadas popularmente "ángeles de la guarda", "guías espirituales", "mentores" y tantos otros nombres, que no poseen necesariamente el dominio técnico de este conjunto de procedimientos.

Es importante aclarar que la teneper es un conjunto de procedimientos específicos y para tal se necesita de una preparación previa. Para quien se interesa por el asunto, al final de esta obra hay una lista de libros que abordan el tema, en especial el *Manual de la Teneper*, del autor Waldo Vieira.

5.08. VÍNCULO CONCIENCIAL

Muchas personas cambiaron significativamente sus vidas para mejor con la adopción, en su día a día, de las técnicas evolutivas de la Conciencio-logía.

Cientos de miles de personas ya participaron de conferencias y cursos realizados en las decenas de *Instituciones Concienciocéntricas* (ICs), que de-sarrollan la ciencia-líder Concienciología.

Muchas de esas personas desean de alguna forma llevar adelante ese conocimiento que tanto las ayudó.

Una forma práctica de auxiliar en la divulgación de la Conciencio-logía es voluntariar en alguna de las ICs que desarrollan la expansión de la ciencia.

En ese contexto, entra el concepto de *vínculo conciencial,* o sea, la conexión por las ideas y no por el lado laboral, financiero.

Hoy, hay miles de voluntarios y voluntarias que generosamente donan su tiempo y energías para la producción de tareas asistenciales en las ICs.

Para ver la relación de ICs disponíbles, consulte el final de esta obra.

5.09. COGNÓPOLIS

Muchos de los voluntarios de la Concienciología con vínculo conciencial están edificando, alrededor del planeta, ciudades del conocimiento denominadas *Cognópolis*, a modo de oasis para el desarrollo de las ideas.

Entre ellas, se destaca la *Cognópolis Foz de Iguazú*, hoy barrio reconocido oficialmente por este municipio brasilero, con miles de conciencias envueltas en su construcción. El Prof. Waldo Vieira, pionero en la sistematización de la Concienciología, autor de diversos tratados y de significativas obras, vivió hasta el año 2015, cuando desomó a los 83 años, en plena actividad de sus estudios.

En esta Cognópolis, hay varios *campus* de *Instituciones Conciencio-céntricas* (ICs), cada cual con sus especialidades, laboratorios, ambientes de debates, hotel con 300 camas y muchos condominios residenciales donde viven los voluntarios.

Entre todos los proyectos para esta "ciudad del conocimiento", se destaca la construcción y el mantenimiento del *Megacentro Cultural Holoteca*, proyecto de autoría del renombrado arquitecto brasileño Oscar Niemeyer, que será obra de referencia para la elevación del nivel cultural de toda la región. Si lo desea, desde ya está invitado a conocer y auxiliar en la materialización de este megaproyecto.

En la internet, encontrará mucha más información al respecto. Por eso, nos vamos a limitar a esta breve presentación (por ejemplo: www.concienciologia.org.br; http://www.tertuliaconscienciologia.org). Desde ya, reforzamos la invitación para venir a visitarnos.

5.10. ESPECIALIDADES DE LA CONCIENCIOLOGÍA

Como se verifica hasta aquí, la Concienciología es una ciencia bastante abarcadora. Observe que presentamos en esta conversación introductoria tan solo algunas nociones básicas. Hay mucho conocimiento estructurado en decenas de tratados, sin contar las centenas de obras ya publicadas.

Para tener una idea, actualmente, la Concienciología trabaja con más de 1.000 especialidades y subespecialidades (para más informaciones, véase la *Enciclopedia de la Concienciología*), pues cada tema presenta una nomenclatura y estudios propios, de ahí la necesidad de especialización.

De la misma forma que tenemos la Medicina, con diversas especialidades (por ejemplo: Cardiología, Angiología, Ginecología, Urología, Neurología, Medicina del Trabajo y tantas otras), la Concienciología también tiene sus especialidades, como la Proexología (dedicada a la proexis), la Proyecciología (que estudia las proyecciones concienciales), la Seriexología (que investiga la seriexis – seriación existencial o vidas sucesivas), la Teneperología (que desarrola la técnica de la teneper), la Parafenomenología (que investiga los parafenómenos), y tantas otras.

Para cada subcampo, hay publicaciones, cursos específicos y muchas *Instituciones Conscienciocéntricas* (ICs) estudiando las especialidades y objetivando su expansión, conforme se constata en las referencias al final de esta obra.

5.11. ENCICLOPEDIA DE LA CONCIENCIOLOGÍA

Se encuentra hoy en franco desarrollo la obra *Enciclopedia de la Concienciología,* que ya cuenta con su 9ª edición impresa, con: 4.580 verbetes, 23.004 páginas escritas y 702 autores (Año-base: 2018), abordando en detalles, con metodología sistematizada, todos los temas que componen el universo de esta nueva ciencia, o sea, estrictamente hablando, una *actividad sin fin.*

Todos los días, son presentados nuevos verbetes, funcionando a modo de curso gratuito, de *largo plazo,* a través del sitio web www.tertuliaconscienciologia.org. Esta actividad es muy importante para la sistematización de conocimientos y la expansión de las especialidades de la Concienciología.

Los invitamos a asistir a las tertulias concienciológicas a través del sitio web www.tertuliaconscienciologia.org e inclusive, convertirse a distancia en un *Amigo de la Enciclopedia,* proyecto que posibilita apoyar materialmente el desarrollo de esta obra. Para más informaciones sobre la Enciclopedia de la Concienciología y sobre el programa *Amigos de la Enciclopedia,* véase también: www.enciclopediadaconscienciologia.org.

EPÍLOGO DEL LIBRO-CONFERENCIA

La Concienciología, como puede verse, es una ciencia bastante amplia, que presenta innumerables abordajes y correlaciones con diversas otras ciencias y especialidades.

Es un estudio que se profundiza cada día, con la publicación de nuevas obras que complementan las investigaciones realizadas por los miles de voluntarios actuantes.

El objetivo de la presente obra fue de presentar una visión general, sin al mismo tiempo, cerrarse en sí misma.

Para más informaciones, se sugiere la lectura de los tratados, libros y demás fuentes relacionados en la lista al final de la obra.

INVITACIÓN

Si se interesó por los temas presentados en la presente obra y le gustaría profundizarlos, está invitado a buscar, de entre las direcciones de las *Instituciones Concienciocentricas* (ICs) expuestas en las páginas siguientes, más informaciones. Los sitios web indicados presentan extenso material para ser consultado, y la mayoría de las asociaciones poseen un programa de actividades gratuitas disponibles a los alumnos iniciantes.

Si estuviera interesado en saber más al respecto de esta ciencia, entre en contacto, haciendo referencia a esta publicación, con tus dudas, que le enviaremos gratuitamente más informaciones.

Siéntase libre para entrar en contacto con nosotros a través del correo de *e-mail* o dirección citada abajo. Disponemos de un amplio equipo de profesores voluntarios, aptos para dar conferencias gratuitas en las principales lenguas, sobre diferentes temáticas y podemos ir a su ciudad para impartir algún curso de interés.

Si viene a Foz de Iguazú-Paraná-Brasil, visítenos. Tenemos muchas actividades de la Concienciología en progreso en el barrio Cognópolis – barrio del conocimiento – que se encuentra en constante estructuración y expansión.

Contacto:

AIEC – Asociación Internacional para la Expansión de la Concienciología

Av. Felipe Wandscheer, 6.200 – Barrio Cognópolis

Foz do Iguaçu – PR – Brasil – CEP 85.856-530

***E-mail* del Autor: cesarcordioli@gmail.com**

AGRADECIMIENTO

Finalizando, a tí que llegaste hasta aquí, nuestros agradecimientos por tu disponibilidad. Deseamos que las informaciones aquí prestadas hayan sido de valor para tu existencia.

Hasta la próxima.

El Autor

REFERENCIAS BIBLIOGRÁFICAS

Vieira, Waldo (Org.); ***Enciclopédia da Conscienciologia;*** Digital; revisores Equipe de Revisores da ENCYCLOSSAPIENS; 23.188 p.; glos. 5.480 termos (verbetes); 701 microbiografias; alf.; 9ª. Ed rev. e aum.; *Associação Internacional de Enciclopediologia Conscienciológica* (ENCYCLOSSAPIENS); & *Associação Internacional Editares;* Foz do Iguaçu, PR; 2018.

Idem; *Manual da Proéxis: Programação Existencial;* 168 p.; 40 caps.; 17 refs.; alf.; 21 x 14 cm; br.; 3ª Ed.; *Instituto Internacional de Proyecciología;* Rio de Janeiro, RJ; 2003.

Idem; *Manual da Tenepes: Tarefa Energética Personal;* 138 p.; 34 caps.; 147 abrevs.; glos. 282 termos; 5 refs.; alf.; 21 x 14 cm; br.; *Instituto Internacional de Proyecciología;* Rio de Janeiro, RJ; 1995.

Idem; *Nossa Evolução;* 168 p.; 15 caps.; 149 abrevs.; glos. 282 termos; 6 refs.; alf.; 21 x 14 cm; br.; *Instituto Internacional de Proyecciología;* Rio de Janeiro, RJ; 1996.

Idem; *Projeciologia: Panorama das Experiências da Consciência Fora do Corpo Humano;* 1.248p.; 525 caps.; 150 abrevs.; 43 ilus.; 5 índices; 1 sinopse; glos. 300 termos; 2.041 refs.; alf.; geo.; ono.; 28 x 21 x 7 cm; enc.; 4ª Ed. revisada e ampliada; *Instituto Internacional de Projeciologia;* Rio de Janeiro, RJ; 1999.

Idem; *Projeções da Consciência: Diário de Experiências Fora do Corpo Físico;* 224 p.; glos. 25 termos; alf.; 21 x 14 cm; br.; 8ª Ed. revisada; *Associação Internacional Editares;* Foz do Iguaçu, PR; 2008.

Idem; *700 Experimentos da Conscienciologia;* 1.058 p.; 700 caps.; 147 abrevs.; 600 enus.; 8 índices; 2 tabs.; 300 testes; glos. 280 termos; 5.116 refs.; alf.; geo.; ono.; 28,5 x 21,5 x 7 cm; enc.; *Instituto Internacional de Projeciologia;* Rio de Janeiro, RJ; 1994.

ÍNDICE DE LAS FIGURAS

GLOSARIO CONCIENCIOLÓGICO

El presente glosario se elaboró a partir de los conceptos presentados por el investigador Waldo Vieira (1932 – 2015), en los tratados científicos *700 Experimentos de la Conscienciología* (1994), *Projecciología: Panorama de las Experiencias de la Conciencia Fuera del Cuerpo Humano* (1999), *Homo sapiens reurbanisatus* (2004), *Homo sapiens pacificus* (2007), *Enciclopedia de la Concienciología* (2013) y *Diccionario de Argumentos de la Concienciología* (2014).

Amparador extrafísico – Conciencia benefactora y auxiliadora de la conciencia humana (concín) o de varias conciencias humanas al mismo tiempo, cuando afines al nivel de evolución, especialmente durante las proyecciones extrafísicas, que abarca la influencia beneficiosa en toda la vida intrafísica de la personalidad e incluso durante el estado de vigilia física ordinaria.

Amparo extrafísico – Realización de la asistencia (apoyo, ayuda, auxilio, arrimo, socorro, soporte, sustentáculo) evidente de los amparadores extrafísicos, capaces de actuar de modo sano y universalista, no manipulador, junto con las manifestaciones ordinarias del día a día intrafísico de la concín, cuando ya detentora de méritos cosmoéticos obvios, en el desarrollo y conclusión de la programación existencial (maxiproexis) personal.

Anticosmoética – Procedimiento inmaduro en el que la conciencia infringe, consciente o inconscientemente, los principios universales, correctos y evolutivos, de la Cosmoética multidimensional, actuando de modo indigno, antifraterno, marginal o criminal con efectos patológicos o dolosos.

Aperturismo conciencial – Condición avanzada de la concín neofílica con apertura *omnilateral* de la autopensenidad al conocimiento respeto a la evolución de la conciencia, capaz de ejecutar intencionalmente, con su propia vida, las técnicas evolutivas avanzadas de la Concienciología, por ejemplo, la Cosmoeticología, la invéxis, la teneper y la desperticidad.

Asediador extrafísico – Conciencia extrafísica que promueve la condición patológica de la asedialidadextrafísica, la acción negativa o la persecución insistente, directa o indirectamente, de cualquier naturaleza, en otras conciencias.

Asedialidad – Intrusión pensénicainterconciencial, enfermiza. Expresión equivalente, anacrónica: *obsesión.*

Asistenciología – Especialidad de la Concienciología que estudia las técnicas de amparo y auxilio interconciencial, en particular con respecto a sus efectos en la conciencia considerada "integral", holosomática y multimilenaria con vistas a la holomadurez, un trabajo de solidaridad lúcida entre las conciencias en el camino hacia la megafraternidad. Subcampo científico de la Conviviología.

Assim – Es la asimilación simpática de energías conciencialess (EC), mediante la voluntad, o el acto básico de absorber temporalmente las energías conciencialess de otro y percrutales las condiciones holosomáticas, parafisiológicas y parapatológicas, a menudo con la descodificación espontánea del conjunto de pensenes de otra o incluso de otras conciencias.

Autoasedio – Condición o estado de la concín emocional, intelectual y energéticamente predispuesta a acosarse autopensénicamente, con una insistencia inoportuna y patológica sobre sí misma, sin ninguna Higiene Conciencial o autodisciplina ideativa, constituyendo la base de todo tipo de hetero-asedio.

CCCI – *Comunidad ConcienciológicaCosmoética Internacional* es el conjunto de habitantes, reunión o agrupación y la vida intrafísica, en común, de la sociedad de concines conectada por los vínculos concienciales de la Concienciología, en la vida cotidiana diuturna, en esta dimensión humana, material o terrestre.

Clariaudiencia – Capacidad relacionada a las concines *parapsíquicas audientes,* sensitivas oyentes o clariaudientes, para capturar, percibir o recibir mensajes telepáticos, para ellos, en este caso, a veces sonoras, enviados o emitidos por las conciexes y concines proyectadas.

Clarividencia–Capacidadparapsíquicaparacaptar,percibirosentirdeterminadopatróndeenergíaconciencial,yasea,queserefieraaunobjeto,entorno o conciencia, ubicada en la dimensión intrafísica o extrafísica, que se encuentra cronológicamente en el pasado, presente o futuro, y transformar esta percepción energética en imagen.

Conciex – Es la conciencia extrafísica, paraciudadano o paraciudadana de la Sociedad Extrafísica.

Concín – Conciencia intrafísica es la conciencia cuando vive en el cuerpo humano; hombre o mujer.

Cosmoética – Es la ética o la reflexión sobre la moral cósmica, multidimensional, que define la holomadurez conciencial, situada más allá de la moral social, intrafísica, o que se presenta bajo cualquier rótulo humano, al modo de discernimiento máximo, moral y emocional, desde la intimidad del microuniverso de cada conciencia.

Curso Intermisivo – Un conjunto de asignaturas, impartidas de acuerdo con programas basados en serie de clases y experiencias teácticas, administradas a conciex después de determinado nivel evolutivo lúcido, durante el período de la intermisión conciencial (Intermisiología, Extrafisicología), dentro del ciclo de existencias humanas personales, con el objetivo de completismoconciencial (compléxis) de la programación existencial (proéxis), en la próxima vida intrafísica.

Descoincidencia vígil – Condición parapsíquica de la concín – proyector o proyectora – en la que la misma se percibe con el psicosoma fuera del estado de coincidencia, en plena vigilia física ordinaria, sin sentirse completamente integrada al soma, generando la intensificación de las percepciones y fenómenos energéticos y parapsíquicos.

Desoma – Desactivación somática, cercana e inevitable para todas las concines; proyección final; *primera muerte;* muerte biológica; monotanatosis. La desoma (simplemente) o *primera*dessoma es la desactivación del cuerpo humano o soma. La *segunda*dessoma es la desactivación del holochakra. La *tercera*dessoma es la desactivación del psicosoma.

Encapsulamiento conciencial – Maniobra energética, paratécnica, avanzada, propia de la concín lúcida, experimentada con la movilización de las energías conscientes (ECs), en sí misma o extraconciencialmente, con el aislamiento asistencial y la anulación energética, temporaria, de las manifestaciones pensénicas, específicamente intrusivas o asediadoras, que pueden consistir de la conciencia individualmente o en grupo, concines y / o conciexes, sanas y / o enfermas, a partir de la voluntad decidida, la intención firme y la autodeterminación sana.

Energía conciencial – Es la energía inmanente empleada por la conciencia en las pensenizaciones o manifestaciones en general.

Energía inmanente (EI) – Energía primaria, vibratoria, esencial, multiforme, impersonal, difusa y dispersa en todos los objetos o *realidades* del Universo, de modo omnipotente, todavía indomado por la conciencia humana, y demasiado sutil para ser descubierta y detectada por los actuales instrumentos tecnológicos.

Energosoma – Paracuerpo energético de la conciencia humana.

Energosomática – Especialidad de la Concienciología aplicada al estudio de la calidad de las manifestaciones de la conciencia humana (concín) derivadas del holochakra o el paracuerpo energético (energosoma), así como las maniobras energéticas y la consecuente influencia sobre la autopensenidad y los estados de coincidencia y descoincidencia de la concín.

Extrafísico – Relacionado con lo que está fuera o más allá del estado *intra*físico o humano; estado conciencial*menos* físico que el soma.

Heteroasedio – Condición o estado de la concín emocional, intelectual y energéticamente sometida al asedio o insistencia impertinente de otra conciencia inconsciente, energívora o consciente y maliciosa.

Holopensene – Es la atmósfera pensénica o el entorno intrafísico fijador del conjunto pensenes agregados o consolidado, ya sea solamente de la concín o de todo el grupo evolutivo.

Holosoma – Conjunto de vehículos de manifestación de la concín: soma, holochakra, psicosoma y mentalsoma; y de la conciex: psicosoma y mentalsoma.

Intraconciencialidad – Calidad de las manifestaciones específicas de la intimidad de la conciencia.

Interasistencialidad – Es la experiencia de la asistencia interconciencial mutua, notablemente basada en la reeducación a través de la tarea del esclarecimiento (tares), inteligencia evolutiva (IE), Cosmoética, polikarmalidad y el principio cósmico de "quién es menos enfermo ayuda al más enfermo".

Intermisión – Período extrafísico de la conciencia entre dos de sus seriéxis personales.

Intermisivista – La conciex alumna o ex alumno de algún Curso Intermisivo (CI), pre-resomático, sin embargo, en el universo de la Concienciología, es, específicamente, la concín, hombre o mujer, ex alumna autoconsciente de sus propios compromisos y deberes evolutivos variegados y, acordados durante las vivencias del período intermisivo prenatal, a través de la asistencia directa del evoluciólogo actuante en aquella oportunidad extrafísica.

Mentalsoma – Es el cuerpo mental o paracuerpo del discernimiento de la conciencia; el vehículo de manifestación más sofisticado.

Multidimensionalidad – Condición inherente a la conciencia, ya sea concín o conciex, viviendo siempre, inevitablemente, actuando, al mismo tiempo consciente o inconscientemente en "n" dimensiones existenciales.

Multiexistencialidad – Es la calidad de la condición de autoconciencia continua y vivencia continuadas de la conciencia respecto a sus múltiples vidas, entrelazadas entre sí, a través del tiempo.

Paracerebro – Cerebro extrafísico del psicosoma de la conciencia en los estados extrafísico (conciex), intrafísico (concín) y proyectado, cuando a través del psicosoma.

Paradigma Conciencial – Es la Teoría-Líder de la Concienciología fundamentada en la propia conciencia.

Parapsiquismo – Es la condición de la conciencia humana (concín) capaz de vivenciar parapercepciones más allá de los sentidos del cuerpo físico (soma).

Pensene – Es la unidad de manifestación práctica de la conciencia, según la Concienciología, considerando el *pen*samiento o idea (concepción), el *sen*timiento o la emoción, y la *ene*rgía conciencial en conjunto, de modo indisociable.

Pensenidad – Es la cualidad de la conciencia pensénica de alguién.

Pensenología – Especialidad de la Concienciología aplicada a los estudios e investigaciones de los pensenes (pensamientos, sentimientos y energías).

Principio de la Descreencia – Es la proposición fundamental e irremplazable del enfoque de la Concienciología a las realidades, en general, del Cosmos, en cualquier dimensión, rechazando la conciencia investigadora y refutadora todos y cualquier concepto apriorista, dogmático, sin demostración práctica o larga reflexión, confronto de la causación, lógica y la plenitud de la racionalización personal.

Proéxis – Es la programación existencial, evolutiva y personal del individuo, establecida en la dimensión extrafísica, antes de este mismo individuo ingresar al embudo del la restricción de la vida humana o en el renacimiento en la intrafisicalidad.

Proyecciología – Especialidad de la Concienciología que estudia las proyecciones de la conciencia y sus efectos, incluso las proyecciones de las energías de concienciales hacia fuera del holosoma.

Proyección consciente (PC) – Proyección de la concín más allá del soma; experiencia extracorpórea.

Proyección Lúcida – *V. Proyección Consciente.*

Proyección por el Mentalsoma – Es el estado de máxima expansión de la conciencia en el nivel mentalización suprarracional y suprasensoria.

Proyectabilidad Lúcida – Cualidad parafisiológica, proyectiva, lúcida, de conciencia, capaz de descoincidirse o sacar sus vehículos de manifestación de la condición de alineación del holosoma, incluso a través de la impulsión de la propia voluntad.

Psicosoma – Es el paracuerpo emocional de la conciencia; el *cuerpo objetivo* de la concín.

Reciclante existencial – Concín que aplica la técnica evolucionada del reciclaje existencial (recéxis) en la vida humana actual con el objetivo de la aceleración evolutiva.

Recín – *Reciclaje intra*conciencial o la renovación cerebral de la conciencia humana (concín) a través de la creación de neosinapsis o conexiones interneuronales (neuroglia).

Resoma – *Re*nacimiento *somá*tico de la conciex que pasa a la condición temporal de concín, o sale de la extrafisicalidad a la intrafisicalidad.

Seriexialidad – Cualidad de conciencia sujeta a la seriéxis.

Seriéxis – Seriación existencial evolutiva de la conciencia; existencias sucesivas; renacimientos intrafísicos en serie.

Soma – Cuerpo humano.

Teneper – Tarea energética personal, diaria, multidimensional, con asistencia permanente de amparadores, a largo plazo o para el resto de toda la vida intrafísica.

Teneperista – Concín practicante de la tarea energética personal diaria, teneper.

Vínculo conciencial – Conexión cosmoética, autolúcida, voluntaria y polikármica entre el colaborador y la institución concienciocéntrica.

ÍNDICE REMISIVO

R

S

T

U

V

W

LA COGNÓPOLIS, LA CIUDAD DEL CONOCIMIENTO

La Cognópolis (Ciudad del Conocimiento) es el barrio creado en 2009 en la ciudad de Foz de Iguazú, Paraná, Brasil, donde hay 24 instituciones vinculadas a la Concienciología y mantenidas por el trabajo de voluntarios. Establecido por el decreto municipal 18.887, la Cognópolis tiene un área verde con un sendero ecológico, conjunto de residenciales y actividades destinadas a la educación, la cultura y la investigación.

También conocido como Barrio del Voluntariado, la Cognópolis fue ideada por el profesor, médico, lexicógrafo y dentista Waldo Vieira (1932 – 2015).

Entre los numerosos edificios existentes en el vecindario están el Holociclo y la Holoteca. El Holociclo – holo (conjunto) y ciclo (palabra relacionada con la Enciclopedia) es el lugar de producción intelectual de la Concienciología. Considerada una incubadora de autores, tiene una de las mayores lexicotecas (colecciones de diccionarios) en Brasil, con más de 7 mil copias, una encicloteca (conjunto de enciclopedias) y una hemeroteca (colección de publicaciones periódicos – periódicos y revistas) con más de 600 mil recortes.

La Holoteca (conjunto de tecas) reúne una colección de aproximadamente 947 mil artículos, de los cuales unos 107 mil son libros y obras escritas, además de objetos de los más variados lugares y culturas. La comicteca (coleccionismo de cómics) es considerada una de las más grandes de América Latina con 35 mil cómics en 16 idiomas publicados en 22 países.

Periódicamente se realizan eventos científicos en la Cognópolis para difundir los resultados de la investigaciones y promover debates. La escrita de libros y artículos es bastante alentada en la Ciudad del Conocimiento. Entre los aproximadamente 841 voluntarios que trabajan en las instituciones de la Cognópolis, más de 170 son autores, la mayoría de los cuales escribieron sobre temas de la Concienciología.

Abierto a los visitantes, la Cognópolis está integrada en el circuito turístico de Foz de Iguazú y cuenta con un hotel, el Mabu Interludium Iguassu Convention.

EDITORA DE LA CONCIENCIOLOGÍA

Editares – Editora da Concienciología es una de las 24 instituciones ubicadas en la Cognópolis. Una organización científica, educativa, apartidista y sin fines de lucro, Editares se dedica a la publicación de libros y revistas de la ciencia de la Concienciología.

Con un modelo de trabajo voluntario, Editares se diferencia al reunir un equipo de editores, críticos, revisores y gerentes no remunerados. Los autores, como voluntarios e investigadores de la Concienciología, donan los derechos patrimoniales de las obras a la editora. Un fondo editorial, mantenido por la venta de libros y donaciones espontáneas, hace que Editares sea financieramente autosuficiente.

Te invitamos, lector, a conocer nuestros trabajos.

www.editares.org.br

Para mayores informaciones: www.campusceaec.org

INSTITUCIONES CONCIENCIOCÉNTRICAS (ICS)

ICs. Las Instituciones Concienciocéntricas (ICs) son organizaciones cuyos objetivos, metodologías de trabajo y modelos organizacionales están fundamentados en el *Paradigma Conciencial*. La actividad principal de las ICs es dar apoyo a la evolución de las conciencias a través de la *tarea del esclarecimento* pautada por las *verdades relativas de punta,* encontradas en las investigaciones de campo de la ciencia *Concienciología* y sus especialidades.

Voluntariado. Todas las *Instituciones Concienciocéntricas* son asociaciones independientes, de carácter privado, sin fines de lucro y mantenidas predominantemente por el trabajo voluntario de profesores, investigadores, administradores y profesionales de diversas áreas.

CCCI. El conjunto de las *Instituciones Concienciocéntricas* y de los voluntarios de la Concienciología en el planeta componen la *Comunidad Concienciológica Cosmoética Internacional* (CCCI) formada actualmente por 24 ICs, incluyendo la Asociación Internacional Editares.

AIEC – Asociación Internacional para Expansión de la Concienciología
Fundación: 22//04/2005
Sede: Av. Felipe Wandscheer, 6.200, sala 111, Cognópolis – Foz do Iguaçu, Paraná, Brasil, CEP: 85856-530
Tel.: +55 (45) 2102-1411 | ***Site:*** www.worldaiec.org | **Contacto:** aiec.comunicacao@gmail.com
Campus Discernimentum: Av. Felipe Wandscheer, 6.200, sala 201 – Cognópolis, Foz do Iguaçu, Paraná, Brasil, CEP: 85856-530
Tel.: +55 (45) 2102-1400 | **Contacto:** contato@discernimentum.org

APEX – Asociación Internacional de la Programación Existencial
Fundación: 20/02/2007
Sede: Rua da Cosmoética, 1.635, Cognópolis, Caixa Postal 921, Centro – Foz do Iguaçu, Paraná, Brasil, CEP: 85853-755
Tel.: +55 (45) 3525-2652 | ***Site:*** www.apexinternacional.org | **Contacto:** contato@apexinternacional.org

ARACÊ – Asociación Internacional para Evolución de la Conciencia
Fundación: 14/04/2001
***Campus* ARACÊ:** Rota do Conhecimento, Km 7, acceso por la BR-262 – Km 87, Distrito de Aracê, Domingos Martins, Espírito Santo, Brasil
Dirección para correspondencia: Caixa Postal 110, Pedra Azul – Domingos Martins, Espírito Santo, Brasil, CEP: 29278-000
Tel.: +55 (27) 9739-2400 | ***Site:*** www.arace.org | **Contacto:** associacao@arace.org

ASSINVÉXIS – Asociación Internacional de Inversión Existencial
Fundación: 22/07/2004
***Campus* de Invexología:** Av. Maria Bubiak, 1.100, Cognópolis – Foz do Iguaçu, Paraná, Brasil, CEP: 85853-728
Tel.: +55 (45) 3525-0913 | ***Site:*** www.assinvexis.org | **Contacto:** contato@assinvexis.org

ASSIPI – Asociación Internacional de Parapsiquismo Interasistencial
Fundación: 29/12/2011
Sede: Av. Felipe Wandscheer, 6.200, sala 212, Cognópolis – Foz do Iguaçu, Paraná, Brasil, CEP: 85856-530
Tel.: +55 (11) 2102-1421 | ***Site:*** www.assipi.org | **Contacto:** assipi@assipi.com

CEAEC – Asociación Internacional del Centro de Altos Estudios de la Concienciología
Fundación: 15/07/1995
Sede: Rua da Cosmoética, 1.635, Cognópolis, Caixa Postal 921, Centro – Foz do Iguaçu, Paraná, Brasil, CEP: 85853-755
Tel.: +55 (45) 3525-2652 | ***Site:*** www.ceaec.org | **Contacto:** ceaec@ceaec.org

COMUNICONS – Asociación Internacional de Comunicación Concienciológica
Fundación: 24/07/2005
Sede: Av. Felipe Wandscheer, 6.200, sala 206, Cognópolis – Foz do Iguaçu, Paraná, Brasil, CEP: 85856-530
Tel.: +55 (45) 2102-1409
Site: www.comunicons.org.br | **Contacto:** comunicons@comunicons.org

CONSCIUS – Asociación Internacional de Concienciometría Inter asistencial
Fundación: 24/02/2006
Sede: Av. Felipe Wandscheer, 6.200, casa 352, Cognópolis – Foz do Iguaçu, Paraná, Brasil, CEP: 85856-530
Tel.: +55 (45) 2102-1460 | ***Site:*** www.conscius.org.br | **Contacto:** conscius@conscius.org.br

CONSECUTIVUS – Asociación Internacional de Investigaciones Seriexológicas y Holobiográficas
Fundación: 14/12/2014
Sede: Av. Felipe Wandscheer, 6.200, Casa 351, Cognópolis – Foz do Iguaçu, Paraná, Brasil, CEP: 85851-579
Tel.: +55 (45) 9807-1320 | **Site:** www.consecutivus.com.br | **Contacto:** consecutivus@consecutivus.com.br

COSMOETHOS – Asociación Internacional de Cosmoeticología
Fundación: 03/10/2015
Sede: Av. Felipe Wandscheer, 6.200, Sala 104, *Cosmoethicarium* – Cognópolis – Foz do Iguaçu, Paraná, Brasil, CEP: 85851-579
Tel.: +55 (45) 99129-4122 | **Site:** www.cosmoethos.org.br | **Contacto:** contato@cosmoethos.com.br

ECTOLAB – Asociación Internacional de investigación Laboratorial en Ectoplasmía y Paracirugía
Fundación: 14/07/2013
Sede: Avenida Felipe Wandscheer, 6.200, sala 105, Cognópolis – Foz do Iguaçu, PR, Brasil, CEP: 85856-630
Tel.: +55 (45) 2102-1427 | ***Site:*** www.ectolab.org | **Contacto:** ectolab@ectolab.org

EDITARES – Asociación Internacional Editares
Fundación: 23/10/2004
Sede: Av. Felipe Wandscheer, 6.200, sala 100 D, Cognópolis – Foz do Iguaçu, Paraná, Brasil, CEP: 85856-530
Tel.: +55 (45) 2102-1407 | ***Site:*** www.editares.org.br
Shopcons: www.shopcons.com.br (portal de compra de libros) | **Contacto:** editares@editares.org

ENCYCLOSSAPIENS – Asociación Internacional de Enciclopediología Conscienciológica
Fundación: 21/12/2013
Sede: Rua da Cosmoética, 1.635, Cognópolis – Foz do Iguaçu, Paraná, Brasil, CEP: 85853-755, Caixa Postal 921
Tel.: +55 (45) 3525-2652 | ***Site:*** www.encyclossapiens.org | **Contacto:** contato@encyclossapiens.org

EVOLUCIN – Asociación Internacional de Concienciología para la Infancia
Fundación: 09/07/2006
Sede: Av. Felipe Wandscheer, 6.200, sala 102, Cognópolis – Foz do Iguaçu, Paraná, Brasil, CEP: 85856-530
Tel.: +55 (45) 9909-6129 | ***Site:*** www.evolucin.org | **Contacto:** evolucin@gmail.com

INTERPARES – Asociación Internacional de Aportes Interasistenciales
Fundación: 15/05/2016
Sede: Rua da Cosmoética, 1635, sala 11, Cognópolis – Foz do Iguaçu, Paraná, Brasil, CEP: 85853-755
Tel.: +55 (45) 99124-7689 | ***Site:*** www.interpares.org.br | **Contacto:** acolhimento@interpares.org.br

IIPC – Instituto Internacional de Proyecciología y Concienciología
Fundación: 16/01/1988
Sede: Av. Felipe Wandscheer, 6.200, sala 103, Cognópolis – Foz do Iguaçu, Paraná, Brasil, CEP: 85856-530
Tel.: +55 (45) 2102-1448 | ***Site:*** www.iipc.org.br | **Contacto:** iipc@iipc.org.br
***Campus* de Investigaciones IIPC:** Estrada do Universalismo, 1.177 – Sampaio Correa, Saquarema, Rio de Janeiro, Brasil – CEP: 28997-970
Tel.: +55 (22) 2654-1186 | **Contacto:** campussaquarema@iipc.org

INTERCAMPI – Asociación Internacional de los *Campi* de Investigaciones de la Concienciología
Fundación: 23/07/2005
Sede: Av. Antonio Basílio, 3006, sala 602, Lagoa Nova – Natal, Rio Grande do Norte, CEP: 59056-005
Tel.: +55 (84) 3211-3126 | ***Site:*** www.intercampi.org | **Contacto:** intercampi@intercampi.org

JURISCONS – Asociación Internacional de Paraderechología
Fundación: 25/04/2015
Sede: Av. Felipe Wandscheer, 6.200, sala 350 A, Cognópolis – Foz do Iguaçu, Paraná, Brasil, CEP: 85856-530
Site: www.juriscons.org | **Contacto:** juriscons@juriscons.org

OIC – Organización Internacional de Concienciotерapia
Fundación: 06/09/2003
***Campus* OIC:** Av. Felipe Wandscheer, 5.935, Cognópolis – Foz do Iguaçu, Paraná, Brasil, CEP: 85856-530
Tel.: +55 (45) 3025-1404 / 2102-1402 | ***Site:*** www.oic.org.br | **Contacto:** aco@oic.org.br

ORTHOCOGNITIVUS – Asociación Internacional para la Implementación de Cognópolis en SC
Fundación: 18/05/2018
Sede: Av. Mal. Castelo Branco, 65, Sala 1111, Torre II, Campinas, São José, Santa Catarina, Brasil, CEP: 88101-020
Tel.: +55 (48) 99845-9931 | ***Site:*** www.cognopolis-sc.org | **Contacto:** contato@cognopolis-sc.org

REAPRENDENTIA – Asociación Internacional de Parapedagogía y Reeducación Conciencial
Fundación: 21/10/2007
Sede: Av. Felipe Wandscheer, 6.560, Cognópolis – Foz do Iguaçu, Paraná, Brasil, CEP: 85856-530
Site: www.reaprendentia.org | **Contacto:** contato@reaprendentia.org.br

IC TENEPES – Asociación Internacional de Teneperología
Fundación: 11/06/2016
Sede: Felipe Wandscheer 6.200, Sala 205, Cognópolis – Foz do Iguaçu, Paraná, Brasil, CEP: 85856-530
Tel.: +55 (45) 99131-2855 | ***Site:*** **www.ictenepes.org**

UNICIN – Unión de las Instituciones Conscienciocéntricas Internacionales
Fundación: 22/01/2005
Sede: Av. Felipe Wandscheer, 6.200, sala 105, Cognópolis – Foz do Iguaçu, Paraná, Brasil, CEP: 85856-530
Tel.: +55 (45) 2102-1405 | ***Site:*** www.unicin.org | **Contacto:** unicin@unicin.org

UNIESCON – Unión Internacional de Escritores de la Concienciología
Fundación: 23/11/2008
Sede: Rua da Cosmoética, 1.635, Cognópolis – Foz do Iguaçu, Paraná, Brasil, CEP: 85853-755
Tel.: +55 (45) 3525-2652 – Fax:+55 (45) 3525-5511
Site: www.uniescon.org | **Contacto:** uniescon.ccci@gmail.com

OBRAS PUBLICADAS

Autores	Títulos (en Portugués)
Adriana Kauati	SÍNDROME DO IMPOSTOR
Adriana Lopes	SENSOS EVOLUTIVOS E CONTRASSENSOS REGRESSIVOS
Alessandra Nascimento e Felix Wong (Orgs.)	CONSCIENCIOLOGIA É NOTÍCIA: PROJECIOLOGIA
Alexandre Nonato	*JK* E OS BASTIDORES DA CONSTRUÇÃO DE BRASÍLIA
Alexandre Nonato *et al.*	ACOPLAMENTO ENERGÉTICO INVERSÃO EXISTENCIAL
Alexandre Zaslavsky (Editor)	INTERPARADIGMAS 1 – Princípio da Descrença INTERPARADIGMAS 2 – Parapercepciologia INTERPARADIGMAS 3 – Pesquisa da Autoconsciência INTERPARADIGMAS 4 – Diálogos Interparadigmáticos INTERPARADIGMAS 5 – Precursores Interparadigmáticos INTERPARADIGMAS 6 – O Paradigma Consciencial e Outros Paradigmas de Pesquisa da Consciência INTERPARADIGMAS 7 – Transição Autoparadigmática
Aline Niemeyer	MEGAPENSENES TRIVOCABULARES DA INTERASSISTENCIALIDADE
Aline Niemeyer e Lilian Zolet	TÉCNICAS BIOENERGÉTICAS PARA CRIANÇAS
Almir Justi, Amin Lascani e Dayane Rossa	COMPETÊNCIAS PARAPSÍQUICAS
Alzemiro Rufino de Matos	VIDA: OPORTUNIDADE DE APRENDER
Alzira Gezing	INTENÇÃO
Ana Luiza Rezende *et. al.*	MANUAL DO *ECP2*
Ana Seno	COMUNICAÇÃO EVOLUTIVA
Ana Seno e Eliane Stédile (Orgs.)	*SERENARIUM*
Anália Rosário Lopes, Myriam Sanchez e Rita Sawaya	DICIONÁRIO DE TECAS DA HOLOTECOLOGIA
Antonio Fontenele	DECISÕES EVOLUTIVAS
Antonio Pitaguari e Marina Thomaz	REDAÇÃO E ESTILÍSTICA CONSCIENCIOLÓGICA
Arlindo Alcadipani	ITINERÁRIO EVOLUTIVO DE UM RECICLANTE
Bárbara Ceotto	DIÁRIO DE AUTOCURA
Beatriz Tenius e Tatiana Lopes	AUTOPESQUISA CONSCIENCIOLÓGICA
Caio Polizel (Org.)	DIRETRIZES DA AUTOGESTÃO EXISTENCIAL

AUTORES	TÍTULOS (EN PORTUGUÉS)
Cesar Cordioli	CALEPINO CONSCIENCIOLÓGICO CONSCIENCIOLOGIA
Cesar Machado	ANTIVITIMIZAÇÃO PROATIVIDADE EVOLUTIVA
Cesar Machado e Stéfani Sabetzki	HUMANIZAÇÃO PARAPSÍQUICA NA UTI
Cirleine Couto	CONTRAPONTOS DO PARAPSIQUISMO INTELIGÊNCIA EVOLUTIVA COTIDIANA
Christovão Peres	VOLICIOTERAPIA: VONTADE APLICADA À CONSCIENCIOTERAPIA
Clara Emilie Vieira	ESCOLHAS EVOLUTIVAS
Dalva Morem	SEMPRE É TEMPO
Dayane Rossa	OPORTUNIDADE DE VIVER MEGATRAFOR
Débora Klippel	O PEQUENO PESQUISADOR: MULTIDIMENSIONALIDADE
Denise Paro e Nara Oliveira (Editoras)	REVISTA HOLOTECOLOGIA N. 3
Dulce Daou	AUTOCONSCIÊNCIA E MULTIDIMENSIONALIDADE VONTADE: CONSCIÊNCIA INTEIRA
Eduardo Martins	HIGIENE CONSCIENCIAL
Eliana Manfroi	ANTIDESPERDÍCIO CONSCIENCIAL
Eliane Wojslaw *et al.*	GLOSSÁRIO INGLÊS-PORTUGUÊS DE TERMOS ESSENCIAIS DA CONSCIENCIOLOGIA
Ermânia Ribeiro	DIÁRIO DE EXPERIÊNCIAS COGNOPOLITANAS
Ernani Brito, Rosemary Salles e Sandra Tornieri (Orgs.)	LIVRO DOS CREDORES GRUPOCÁRMICOS
Eucárdio de Rosso (Org.)	COSMOETICOLOGIA
Everaldo Bergonzini e Lilian Zolet	CONVIVIALIDADE SADIA
Fernando R. Sivelli e Marineide C. Gregório	AUTOEXPERIMENTOGRAFIA PROJECIOLÓGICA
Flavia Rogick	CONSCIÊNCIA CENTRADA NA ASSISTÊNCIA MUDAR OU MUDAR
Flávio Amado (Org.)	TEÁTICAS DA TENEPES
Flávio Buononato	ANUÁRIO DA CONSCIENCIOLOGIA 2012 ANUÁRIO DA CONSCIENCIOLOGIA 2013 ANUÁRIO DA CONSCIENCIOLOGIA 2014 FATOS E PARAFATOS DA COGNÓPOLIS FOZ DO IGUAÇU
Flávio Monteiro e Pedro Marcelino	*CONS:* COMPREENDENDO NOSSA EVOLUÇÃO

Autores	Títulos (en Portugués)
Giuliana Costa	AUTOBIOGRAFIA DE UMA PERSONALIDADE CONSECUTIVA
Graça Razera	HIPERATIVIDADE EFICAZ
Guilherme Kunz	MANUAL DO MATERPENSENE
Isabel Manfroi	O EMPREENDEDORISMO REURBANIZADOR DE HÉRCULES GALLÓ E WALDO VIEIRA
Jacqueline Nahas e Pedro Fernandes (Orgs.)	*HOMO LEXICOGRAPHUS*
Jayme Pereira	BÁRBARAH VAI À ESTRELA PRINCÍPIOS DO ESTADO MUNDIAL COSMOÉTICO
João Aurélio e Katia Arakaki	COGNÓPOLIS FOZ: UM LUGAR PARA SE VIVER
João Paulo Costa e Dayane Rossa	MANUAL DA CONSCIN-COBAIA
João Ricardo Schneider	HISTÓRIA DO PARAPSIQUISMO
Jovilde Montagna	VIVÊNCIAS PARAPSÍQUICAS DE UMA PEDIATRA
Julieta Mendonça	MANUAL DO TEXTO DISSERTATIVO
Julio Almeida	QUALIFICAÇÃO ASSISTENCIAL QUALIFICAÇÃO AUTORAL QUALIFICAÇÕES DA CONSCIÊNCIA
Kátia Arakaki	ANTIBAGULHISMO ENERGÉTICO OTIMIZAÇÕES PRÉ-TENEPES VIAGENS INTERNACIONAIS
Kátia Arakaki (Org.)	AUTOFIEX
Lane Galdino	MANUAL DE ASSESSORIA JURÍDICA EM INSTITUIÇÕES CONSCIENCIOCÊNTRICAS (ICs)
Laura Sánchez	LASTANOSA: MEMÓRIA E HISTÓRIA DO INTELECTUAL E HOLOTECÁRIO DO SÉCULO XVII
Lilian Zolet	PARAPSIQUISMO NA INFÂNCIA
Lilian Zolet e Flavio Buononato	MANUAL DO *ACOPLAMENTARIUM*
Lilian Zolet e Guilherme Kunz (Orgs.)	*ACOPLAMENTARIUM:* PRIMEIRA DÉCADA
Lourdes Pinheiro e Felipe Araújo	DICIONÁRIO DE VERBOS CONJUGADOS DA LÍNGUA PORTUGUESA
Luciana Lavôr (Org.)	I NOITE DE GALA MNEMÔNICA – HISTÓRIA ILUSTRADA
Luciano Vicenzi	CORAGEM PARA EVOLUIR
Lucy Lufti	VOLTEI PARA CONTAR
Luiz Bonassi	PARADOXOS
Mabel Teles	PROFILAXIA DAS MANIPULAÇÕES CONSCIENCIAIS *ZÉFIRO* – A PARAIDENTIDADE INTERMISSIVA DE WALDO VIEIRA

Autores	Títulos (en Portugués)
Málu Balona	AUTOCURA ATRAVÉS DA RECONCILIAÇÃO SÍNDROME DO ESTRANGEIRO
Marcelo da Luz	ONDE A RELIGIÃO TERMINA ?
Maria Helena Lagrota	MINHAS QUATRO ESTAÇÕES
Maria Thereza Lacerda	A PEDRA DO CAMINHO
Marilza de Andrade	PROJEÇÕES ASSISTENCIAIS
Marina Thomaz e Antonio Pitaguari (Orgs.)	TENEPES: ASSISTÊNCIA INTERDIMENSIONAL LÚCIDA
Marlene Koller	DA CONSCIÊNCIA REBELDE À HOLOCONVIVIALIDADE PACÍFICA
Marta Ramiro	MANUAL DA TÉCNICA DA RECÉXIS
Maximiliano Haymann	PRESCRIÇÕES PARA O AUTODESASSÉDIO SÍNDROME DO OSTRACISMO
Miriam Kunz	ANTROPOZOOCONVIVIOLOGIA
Moacir Gonçalves e Rosemary Salles	DINÂMICAS PARAPSÍQUICAS
Neida Cardozo	SÍNDROME DA DISPERSÃO CONSCIENCIAL
Osmar Ramos Filho	CRISTO ESPERA POR TI (Edição comentada)
Oswaldo Vernet	DESCRENCIOGRAMA: FUNDAMENTAÇÃO E TEÁTICA
Paulo Mello	EVOLUTIVIDADE PLANEJADA
Pedro Fernandes	SERIEXOLOGIA: EVOLUÇÃO MULTIEXISTENCIAL LÚCIDA
Phelipe Mansur	EMPREENDEDORISMO EVOLUTIVO
Reinalda Fritzen	CAMINHOS DA AUTOSSUPERAÇÃO
Ricardo Rezende	LUCIDEZ CONSCIENCIAL VOLUNTARIADO CONSCIENCIOLÓGICO INTERASSISTENCIAL
Roberto Leimig	VIDAS DE NATURALISTA
Rodrigo Medeiros	CLARIVIDÊNCIA
Rosa Nader	AUTODESREPRESSÃO: REFLEXÕES CONSCIENCIOLÓGICAS
Rosa Nader (Org.)	MANUAL DE VERBETOGRAFIA
Roseli Oliveira	DICIONÁRIO DE EUFEMISMOS DA LÍNGUA PORTUGUESA
Rosemary Salles	CONSCIÊNCIA EM REVOLUÇÃO
Sandra Tornieri	MAPEAMENTO DA SINALÉTICA ENERGÉTICA PARAPSÍQUICA
Selma Prata	O CÉREBRO ENVELHECE E O PARACÉREBRO ENRIQUECE

Autores	Títulos (en Portugués)
Silda Dries	TEORIA E PRÁTICA DA EXPERIÊNCIA FORA DO CORPO
Sissi Prado Lopes (Org.)	CONSCIENTIOTHERAPIA
Tathiana Mota	CURSO INTERMISSIVO
Tatiana Lopes	DESENVOLVIMENTO DA PROJETABILIDADE LÚCIDA
Tony Musskopf	AUTENTICIDADE CONSCIENCIAL
Vera Hoffmann	SEM MEDO DA MORTE
Vera Tanuri	PERDÃO: OPÇÃO COSMOÉTICA DE SEGUIR EM FRENTE
Victor Strate Bolfe	ESTADO VIBRACIONAL: VIVÊNCIA E AUTOQUALIFICAÇÃO
Wagner Alegretti	RETROCOGNIÇÕES
Wagner Strachicini	CONSCIÊNCIA ANTIDOGMÁTICA
Waldo Vieira	100 TESTES DA CONSCIENCIOMETRIA 200 TEÁTICAS DA CONSCIENCIOLOGIA 500 VERBETÓGRAFOS DA *ENCICLOPÉDIA DA CONSCIENCIOLOGIA* 700 EXPERIMENTOS DA CONSCIENCIOLOGIA A NATUREZA ENSINA CONSCIENCIOGRAMA DICIONÁRIO DE ARGUMENTOS DA CONSCIENCIOLOGIA DICIONÁRIO DE NEOLOGISMOS DA CONSCIENCIOLOGIA *HOMO SAPIENS PACIFICUS* *HOMO SAPIENS REURBANISATUS* LÉXICO DE ORTOPENSATAS MANUAL DA DUPLA EVOLUTIVA MANUAL DA PROÉXIS MANUAL DA TENEPES MANUAL DE REDAÇÃO DA CONSCIENCIOLOGIA MANUAL DOS MEGAPENSENES TRIVOCABULARES MÁXIMAS DA CONSCIENCIOLOGIA MINIDEFINIÇÕES DA CONSCIENCIOLOGIA NOSSA EVOLUÇÃO O QUE É A CONSCIENCIOLOGIA PROJECIOLOGIA: PANORAMA DAS EXPERIÊNCIAS DA CONSCIÊNCIA FORA DO CORPO HUMANO PROJEÇÕES DA CONSCIÊNCIA TEMAS DA CONSCIENCIOLOGIA
Waldo Vieira *et al.*	*ENCICLOPÉDIA DA CONSCIENCIOLOGIA*

Autores	Títulos (en Inglés)
Cesar Machado	*ANTIVICTIMIZATION*
Débora Klippel	*THE LITTLE RESEARCHER MULTIDIMENSIONALITY*

Autores	Títulos (en Inglés)
Eduardo Martins	*CONSCIENTIAL HYGIENE*
Eliana Manfroi	*CONSCIENTIAL ANTIWASTAGE*
Eliane Wojslaw *et. al.*	*THE ENGLISH-PORTUGUESE GLOSSARY OF ESSENTIAL CONSCIENTIOLOGY TERMS*
Flávio Monteiro e Pedro Marcelino	*CONS: UNDERSTANDING OUR EVOLUTION*
Jaime Pereira	*BARBARAH VISITS A STAR*
Lilian Zolet	*PARAPSYCHISM IN CHILDHOOD: QUESTIONS AND ANSWERS*
Mabel Teles	*ZEPHYRUS – THE INTERMISSIVE PARAIDENTITY OF WALDO VIEIRA*
Marcelo da Luz	*WHERE DOES RELIGION END ?*
Tathiana Mota	*INTERMISSIVE COURSE*
Waldo Vieira	*700 CONSCIENTIOLOGY EXPERIMENTS* *CONSCIENTIOGRAM* *OUR EVOLUTION* *PENTA MANUAL* *PROEXIS MANUAL* *PROJECTIOLOGY: A PANORAMA OF EXPERIENCES OF THE CONSCIOUSNESS OUTSIDE THE HUMAN BODY* *PROJECTIONS OF THE CONSCIOUSNESS*

Autores	Títulos (en Español)
Alessandra Nascimento e Felix Wong (Orgs.)	*CONCIENCIOLOGÍA ES NOTICIA: UNA DÉCADA DE ENTREVISTAS EN LA SUPER RADIO TUPI, TEMA - PROYECCIOLOGÍA*
Glória Thiago	*VIVIENDO EN* MÚLTIPLES DIMENSIONES
Málu Balona	*SÍNDROME DEL EXTRANJERO*
Maximiliano Haymann	*SÍNDROME DEL OSTRACISMO*
Miguel Cirera	*EVOLUCIÓN DE LA INTELIGENCIA PARAPSÍQUICA*
Rosemary Salles	*CONCIENCIA EN REVOLUCIÓN*
Waldo Vieira	*CONCIENCIOGRAMA* *NUESTRA EVOLUCIÓN* *MANUAL DE LA TENEPER* *MANUAL DE LA PROEXIS* *PROYECCIONES DE LA CONCIENCIA*

Autores	Títulos (en Alemán)
Jayme Pereira	*BARBARAH FLIEGT ZUM STERN*

CESAR CORDIOLI

Nacido el 06 de octubre de 1972, en Florianópolis, Santa Catarina, Brasil, Cesar Cordioli es empresario y abogado. Formado en Administración de Empresas en la ESAG/UDESC, Ingeniería de Producción Mecánica en la UFSC y bachiller en Derecho en la UNISUL. Postgrado con maestría en Derecho Constitucional en la UNISUL. Voluntario de la Concienciología desde febrero de 1988, es docente en Concienciología desde mayo de 1994 y teneperista desde junio del 2005. Participó en la fundación de diversas Instituciones Conscienciocéntricas (ICs), fundador de la Asociación Internacional para la Expansión de la Concienciología (AIEC), donde ejerce el cargo de presidente desde su creación.

1. ***Área de Investigación:***

Este libro investiga temas de la Concienciología.

2. ***Principio de la Descreencia:***

No crea en nada, ni siquiera en las informaciones expuestas en este libro, lo inteligente es hacer investigaciones personales sobre el tema.

www.ingramcontent.com/pod-product-compliance
Ingram Content Group UK Ltd.
Pitfield, Milton Keynes, MK11 3LW, UK
UKHW051912310826
14795UKWH00010B/220

9 786586 544350